기막힌 재능, 독특한 전략, 곤충이 사는 법

곤충은 왜? 생태편

기막힌 재능, 독특한 전략, 곤충이 사는 법
곤충은 왜? ❶ 생태편

초판 1쇄 발행일 2017년 4월 20일
초판 2쇄 발행일 2018년 7월 17일

지은이 임권일
펴낸이 이원중

펴낸곳 지성사
출판등록일 1993년 12월 9일 **등록번호** 제10-916호
주소 (03458) 서울시 은평구 진흥로 68(녹번동 162-34) 정안빌딩 2층(북측)
전화 (02) 335-5494 **팩스** (02) 335-5496
홈페이지 지성사.한국 | www.jisungsa.co.kr **이메일** jisungsa@hanmail.net

ⓒ 임권일, 2017

ISBN 978-89-7889-332-9 (74490)
세 트 978-89-7889-331-2 (74490)

잘못된 책은 바꾸어 드립니다. 책값은 뒤표지에 있습니다.

이 도서의 국립중앙도서관 출판예정도서목록(CIP)은 서지정보유통지원시스템 홈페이지(http://seoji.nl.go.kr)와
국가자료공동목록시스템(http://www.nl.go.kr/kolisnet)에서 이용하실 수 있습니다.(CIP제어번호: CIP2017008536)

⚠ **주의 사항**: 책장에 손을 베이지 않게, 책 모서리에 다치지 않게 주의하세요.

기막힌 재능, 독특한 전략, 곤충이 사는 법

① 생태편

곤충은 왜?

글·사진 **임권일**

머리말

사람들은 곤충에 별로 관심이 없어요. 곤충을 귀찮고 징그러운 벌레쯤으로 생각하거든요. 하지만 곤충은 하찮은 존재가 아니에요. 오히려 생태계 평형에 없어서는 안 될 소중한 생명들이죠.

만약 곤충이 사라진다면 우리에게 어떤 일이 일어날까요? 인간에게 곧 큰 위기가 닥치기 시작할 거예요. 생물 한 종의 멸종은 그 종만의 문제로 끝나지 않거든요. 어떤 생물이 생존하기 위해서는 다른 생물과 밀접한 관계를 맺으며 살아야 하기 때문이에요.

인간은 절대 혼자서 살아갈 수 없어요. 다른 동식물이 제 역할을 해 줘야만 생존할 수 있죠. 우리에게 해를 주는 곤충이라 생각하여 모두 없애 버리면 그 피해가 결국 인간에게 돌아오고 말아요.

당장 여러분이 먹을 수 있는 식량부터 급격하게 줄어들 거예요. 왜냐하면 식물이 꽃가루받이를 할 수 없어서 열매를 맺지 못하기 때문이죠. 또 숲은 온통 죽은 동식물들로 가득할 거예요. 숲을 깨끗하게 청소해 주는 곤충들이 사라졌기 때문이죠. 이처럼 인간의 삶은 대부분 곤충과 직간접적으로 관련을 맺고 있어요.

곤충 한 마리는 나약하고 미미한 존재처럼 보일지도 몰라요. 그렇지만 곤충의 세계를 하나씩 배워 나가다 보면 그 생각이 바뀌게 될 거예요. 녀석들은 오랜 시간 동안 지구에서 살아온, 강인한 생명력을 가진 존재들이에요. 결코 인간처럼 자신들의 힘을 과시하며 지구 환경을 파괴하지 않아요. 자신이 맡은 역할을 다하며 자연 속에서 묵묵히 살아갈 뿐이죠.

곤충의 세계는 보면 볼수록 궁금한 것투성이예요. 곤충의 신비로움에 빠지게 되면 계속해서 질문들이 생겨나죠. 하지만 이런 궁금증을 풀어 주는 사람이 주변에 없어서 많이 답답했을 거예요. 만약 곤충이 말할 수 있다면 궁금한 사항을 물어봐 속 시원한 대답을 들을 수 있겠지만 그럴 수 없죠.

이 책은 평소 여러분이 곤충에 대해 가지고 있던 궁금증을 조금이나마 해결해 줄 거예요. 또 이 책 속에 담긴 작은 곤충의 세계를 통해서 인간과 자연의 관계에 대해 생각해 보는 좋은 시간을 가질 수 있을 거예요. 이 책이 여러분에게 더욱더 큰 세상을 만나는 기회가 되었으면 좋겠어요.

임권일

차례

• 머리말 … 4   • 일러두기 … 8

1 곤충은 위협에 어떻게 대처할까?

1. 냄새로 몸을 지키는 에사키뿔노린재 … 24
2. 덩칫값 못 하는 소심한 우리목하늘소 … 30
3. 더듬이가 삼지창인 등얼룩풍뎅이 … 36
4. 플라스틱 갑옷을 입은 듯한 큰남생이잎벌레 … 40
5. 위장술의 달인 대벌레 … 46
6. 폭탄 방귀를 뀌는 폭탄먼지벌레 … 52

2 왜 다른 동물을 흉내 낼까?

1. 말벌을 흉내 내는 긴알락꽃하늘소 … 60
2. 호랑이 무늬를 닮은 호랑꽃무지 … 66
3. 개미를 닮은 톱다리개미허리노린재 … 72
4. 새똥을 닮은 배자바구미 … 76
5. 벌일까, 파리일까? 꽃등에 … 82

3 물에서도 곤충이 살 수 있을까?

1. 사마귀를 닮은 게아재비 … 88
2. 등에 알을 짊어지고 다니는 물자라 … 94
3. 물 표면에 붙어 있는 송장헤엄치게 … 100
4. 물 위를 뛰어다니는 애소금쟁이 … 104
5. 물속의 전갈, 장구애비 … 110

④ 왜 꽃에 모일까?

1. 큰 알통 다리가 매력적인 시베르스하늘소붙이 … 116
2. 향기로운 꽃을 찾아다니는 붉은산꽃하늘소 … 122
3. 작지만 생명력이 강한 작은주홍부전나비 … 128
4. 부지런한 일꾼 꿀벌 … 132
5. 전혀 나방처럼 안 보이는 노랑애기나방 … 138

⑤ 왜 식물을 괴롭힐까?

1. 잎에 둥근 상처를 내는 오이잎벌레 … 146
2. 원추리가 가장 싫어하는 인도볼록진딧물 … 150
3. 성장 단계마다 극적으로 변하는 큰남색잎벌레붙이 … 156
4. 긴 주둥이로 식물의 즙액을 빨아 먹는 주홍긴날개멸구 … 162
5. 털 뭉치 더듬이를 가진 남색초원하늘소 … 166

⑥ 죽은 생물은 어디로 사라졌을까?

1. 생태계의 청소부 대모송장벌레 … 174
2. 방독면을 쓴 날개알락파리 … 180
3. 집에는 들어오지 않는 산바퀴 … 186
4. 모범적인 집단생활을 하는 일본왕개미 … 192

• 부록 … 198   • 찾아보기 … 205

일러두기

곤충의 생김새와 특징

곤충의 생김새는 매우 다양해요. 서식 환경이나 생태 습성에 따라서 천차만별이죠. 무당벌레처럼 몸이 둥근 형태인 녀석이 있는가 하면, 딱정벌레처럼 럭비공 모양인 녀석도 있어요. 그런데 곤충들을 살펴보면 공통적으로 발견할 수 있는 특징이 있어요. 바로 곤충의 몸은 머리, 가슴, 배 이렇게 세 부분으로 나누어진다는 점이에요. 생김새는 모두 제각각일지 몰라도 곤충에 속하는 녀석들은 위와 같은 형태로 구성되어 있죠.

검정대모꽃등에

곤충도 뇌가 있을까요? 곤충들은 매우 작은 몸집을 가졌지만 녀석들의 머리에도 사람처럼 뇌가 들어 있어요. 그 뇌는 좁쌀보다도 훨씬 작지만 눈과

무당벌레

우리딱정벌레

더듬이를 통해 들어온 여러 정보를 처리한답니다. 또 곤충의 가슴은 앞가슴과 가운데가슴, 뒷가슴 이렇게 세 부분으로 되어 있고, 다리 세 쌍과 날개 두 쌍이 가슴에 달려 있어요. 하지만 어떤 곤충들은 날개가 퇴화되어 한 쌍밖에 없는 경우도 있답니다. 곤충의 배에는 생명 활동에 필요한 여러 기관이 들어 있어요. 번식을 위한 생식기관과 먹이를 소화시키기 위한 소화기관, 숨을 쉬는 데 필요한 호흡기관 등이 모두 배에 들어 있지요.

입 곤충의 입은 형태가 매우 다양해요. 보통 먹이의 종류와 먹는 방법에 따라 입 모양이 다르죠. 사마귀나 메뚜기처럼 씹어 먹기에 적합한 입을 가진 녀석이 있는가 하면, 노린재처럼 침을 찔러 빨아 먹는 데 유리한 입을 가진 녀석도 있어요. 또 파리처럼 먹이를 핥아 먹기에 적합한 입을 가진 녀석도 있고, 나비처럼 꽃 속에 든 액체를 빨아 먹는 데 적합한 입을 가진 녀석도 있어요. 곤충들의 입 모양을 보면 녀석들의 생태 습성을 어느 정도 짐작할 수 있답니다.

넓적배사마귀의 입

각시메뚜기의 입

날개알락파리의 입

자귀나무허리노린재의 입

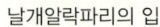
곤충은 보통 커다란 겹눈 한 쌍과 작은 홑눈이 세 개 있어요. 육각형처럼 생긴 낱눈이 수백 개 이상 모여 있는 겹눈은 사방에서 일어나는 물체의 움직임을 빠르게 포착할 수 있지요. 이와 달리 홑눈은 하나의 렌즈로 되어 있어요. 주로 빛의 밝기를 구별하는 역할을 하는데, 홑눈의 수는 종에 따라 한 개나 두 개가 있고 아예 없기도 해요.

노랑배수중다리꽃등에의 눈

털두꺼비하늘소의 눈

더듬이

더듬이에는 감각세포가 많이 있어요. 그래서 곤충들은 더듬이로 냄새를 맡거나 맛을 보고 주변의 진동을 느낄 수 있답니다. 또한 더듬이는 곤충의 무리를 구별하는 데 필요한 중요한 형질이기도 해요. 왜냐하면 곤충의 무리마다 각각 더듬이의 모양과 크기가 어느 정도 비슷한 형태를 띠기 때문이에요.

노랑각시하늘소의 더듬이

긴꼬리의 더듬이

다리

곤충의 다리는 앞가슴, 가운데가슴, 뒷가슴에 각각 한 쌍씩 모두 여섯 개가 달려 있어요. 다리의 형태는 서식 환경이나 생존 방식에 따라 다양해요. 메뚜기처럼 뜀뛰기에 적합한 다리가 있는가 하면, 사마귀처럼 먹잇감을 붙잡는 데 유리한 다리도 있어요. 또 물방개처럼 물속을 헤엄치기에 적합한 다리도 있고, 땅강아지처럼 땅을 파는 데 유리한 다리도 있답니다.

우리벼메뚜기의 다리

넓적배사마귀의 다리

꼬마혹거위벌레의 다리

날개 대부분의 곤충은 가슴에 두 쌍의 날개가 있어요. 하지만 모기나 파리처럼 뒷날개가 퇴화되어 한 쌍만 있기도 해요. 녀석들은 퇴화된 뒷날개 대신 곤봉 모양처럼 생긴 '평균곤'이라는 부위가 있어요. 날개를 자세히 보면 나뭇잎처럼 생긴 맥을 볼 수 있을 거예요. 이것을 시맥(날개맥)이라고 하는데, 시맥은 날개의 전체적인 모양과 형태를 유지할 수 있게 해주는 지지대 역할을 한답니다.

금빛갈고리나방의 날개

꼬마꽃등에의 날개

궁금해요 평균곤이란?

평균곤(점선 부분)은 비행할 때 평형감각을 유지할 수 있도록 도와주는 역할을 해요. 앞날개와 비슷한 횟수로 진동을 해서 안정적인 비행이 가능하도록 도와주죠. 평균곤이 손상되면 비행 능력이 눈에 띄게 떨어지거나 능력 자체가 없어져 버리기 쉬워요. 그래서 파리류의 곤충에게는 앞날개 못지않게 중요한 부위가 바로 평균곤이랍니다.

꼬마꽃등에의 평균곤

몸

곤충의 몸은 외골격으로 둘러싸여 있어요. 외골격은 곤충의 몸통을 지지하고 외부의 충격으로부터 몸속에 들어 있는 여러 기관을 보호하는 역할을 해요. 외골격을 가진 곤충은 탈피 과정을 거치면서 점차 성충으로 성장해 간답니다.

톱하늘소의 몸

장수풍뎅이의 몸

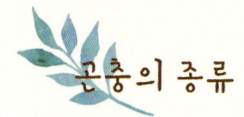
곤충의 종류

딱정벌레 무리

곤충 중에서 가장 수가 많은 종은 딱정벌레 무리예요. 녀석들은 많은 종 수만큼이나 생김새와 몸집, 크기가 다르고 색깔도 매우 다양해요. 딱정벌레 무리에 속한 곤충의 공통적인 특징은 단단한 껍질을 가지고 있다는 점이에

홈줄풍뎅이

요. 녀석들은 딱지날개라 불리는 단단한 앞날개가 있어서 몸을 안전하게 보호할 수 있어요. 하지만 단단한 딱지날개와는 달리 속 날개는 매우 부드러워요. 이 속 날개는 평소에는 딱지날개 속에 접혀 있다가 비행을 할 때 활짝 펼쳐지죠. 딱정벌레 무리에 속한 곤충은 알 ▶ 애벌레 ▶ 번데기 ▶ 성충의 과정을 거치는 완전변태를 한답니다.

나비와 나방 무리

나비 무리와 나방 무리는 전체 곤충 중에서 딱정벌레 다음으로 많은 종이 분포해요. 녀석들은 날개의 표면이 '인편'이라 불리는 비늘가루로 덮여 있는데 비늘가루의 분포에 따라 다양한 날개의 무늬가 만들어져요. 애벌레 시기에

는 주로 식물의 잎을 갉아 먹으며 살아가지만 성충이 되면 꽃가루나 꿀을 먹고 살아가는 경우가 많아요. 나비와 나방 무리에 속한 곤충은 알 ▶ 애벌레 ▶ 번데기 ▶ 성충의 과정을 거치는 완전변태를 한답니다.

넉점박이불나방

노린재와 매미 무리

노린재 무리는 천적의 위협에서 몸을 보호하기 위해 고약한 냄새를 분비하는 녀석들이에요. 녀석들은 주로 침처럼 생긴 주둥이를 이용하여 식물이나 동물의 즙액을 빨아 먹고 살아가요. 그렇기 때문에 사람들이 해충으로 여기는 경우가 많아요. 여기에는 물속에서 살아가는 물자라, 송장헤엄치게, 장구애비 등도 속해 있어요. 노린재 무리에 속한 곤충들은 알 ▶ 애벌레 ▶ 성충의 과정을 거치는 불완전변태를 한답니다.

매미 무리는 대부분 육상 생활을 하는 곤충들로, 주로 식물의 즙액을 빨아 먹으며 살아가요. 다른 무리에 비해 생활사가 복잡한 편이며, 일부 녀석들은 빠른 속도로 엄청나게 번식하기도 해요. 매미 무리에 속한 곤충은 알 ▶ 애벌레 ▶ 성충의 과정을 거치는 불완전변태를 한답니다.

변색장님노린재

벌 무리

벌 무리에 속한 곤충은 여왕을 중심으로 주로 사회생활을 해요. 또 꿀벌이나 말벌, 쌍살벌처럼 따가운 침을 가진 녀석이 많죠. 하지만 개미처럼 침이 없는 녀석도 벌 무리 안에 속해 있어요. 벌 무리에 속한 곤충은 알 ▶ 애벌레 ▶ 번데기 ▶ 성충의 과정을 거치는 완전변태를 한답니다.

띠호박벌

파리 무리

파리 무리에 속한 곤충은 날개가 한 쌍이에요. 원래는 두 쌍이었지만 뒷날개가 퇴화되어 평균곤으로 바뀌었죠. 대개 온갖 오물이나 쓰레기 주변에 머무르면서 사람에게 질병을 퍼뜨리기도 한답니다. 그렇지만 죽은 생물을 분해하고 꽃가루를 옮겨 주는 등 이로운 역할을 하기도 해요. 파리 무리에 속한 곤충은 알 ▶ 애벌레 ▶ 번데기 ▶ 성충의 과정을 거치는 완전변태를 하는데 유충 시기에는 다리가 없는 경우도 있답니다.

표주박기생파리

메뚜기 무리

메뚜기 무리에 속한 곤충은 튼튼한 뒷다리를 이용하여 멀리 뛸 수 있어요. 대부분 날개가 두 쌍이지만 멀리 날지는 못해요. 날개에 비해 상대적으로 몸이 통통하기 때문이에요. 또한 메뚜기 무리는 주변 환경과 비슷한 보호색을 띠기도 해요. 메뚜기 무리에 속한 곤충은 알 ▶ 애벌레 ▶ 성충의 과정을 거치는 불완전변태를 한답니다.

콩중이

잠자리 무리

잠자리 무리에 속한 곤충은 몸이 길고 겹눈이 잘 발달되어 있어요. 녀석들은 날개가 두 쌍인데 날개를 접지 못해서 항상 펼치고 있죠. 입은 작은 곤충을 사냥해서 씹어 먹기에 적합한 구조예요. 잠자리 무리에 속한 곤충은 알 ▶ 애벌레 ▶ 성충의 과정을 거치는 불완전변태를 한답니다.

밀잠자리

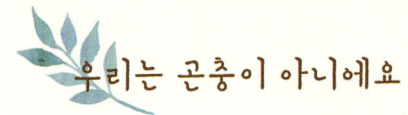
우리는 곤충이 아니에요

벌레와 곤충은 같은 말일까요? 같은 것 같기도 하고 아닌 것 같기도 하죠? 정답은 "곤충과 벌레는 다르다"입니다. 벌레는 쥐며느리나 공벌레, 거미 등과 같이 몸집이 작은 동물들을 말해요. 다시 말해, 거미나 공벌레와 같은 녀석들은 벌레에 속하지만 곤충은 아니에요. 녀석들은 곤충에게서만 발견되는 여러 특징을 갖고 있지 않거든요. 벌레는 곤충 이외에도 몸집이 작은 여러 동물을 모두 포함하는 것으로, 곤충보다도 훨씬 더 넓은 개념이랍니다. 곤충이 가진 가장 큰 특징은 머리와 가슴, 배 이렇게 세 부분으로 몸이 구성되어 있다는 점이에요. 또한 대부분 세 쌍의 다리와 두 쌍의 날개, 그리고 더듬이를 가지고 있죠. 그럼 다음에 등장하는 동물들이 곤충인지 아닌지 한번 알아맞혀 볼까요?

거미는 곤충일까요?

정답은 "아니오"예요. 거미는 여러모로 곤충과 비슷해 보이지만 곤충과는 차이점이 많아요. 먼저 거미는 곤충과 달리 다리가 네 쌍이에요. 또 곤충은 더듬이와 날개가 있지만, 거미는 더듬이와 날개가 없어요.

호랑거미

지네는 곤충일까요?

지네 역시 곤충이 아니에요. 지네는 다리 개수가 무척 많아요. 다리 개수가 제일 적은 녀석이 열다섯 쌍 정도라고 하니, 다리가 세 쌍인 곤충과는 큰 차이가 있어요.

지네

공벌레는 곤충일까요?

공벌레는 많은 친구들이 곤충으로 오해하는 녀석이에요. 하지만 공벌레 역시 곤충이 아니에요. 녀석은 머리와 일곱 개의 가슴, 그리고 다섯 개의 배로 나누어져 있어요. 또한 더듬이도 한 쌍이 아니라 두 쌍이지요. 게다가 가슴마디마다 다리가 한 쌍씩 있는데, 이를 계산해 보면 모두 열네 개의 다리를 가지고 있다는 것을 알 수 있어요.

공벌레

게는 곤충일까요?

갯벌에 가면 여러 게를 만날 수 있어요. 그런데 게를 바닷가에 사는 곤충으로 생각하는 친구들도 있어요. 하지만 게는 곤충이 아니라 갑각

농게

류에 속한 녀석이에요. 보통 갑각류에 속한 녀석들은 물속에서 살기 때문에 주로 아가미를 가지고 있어요.

진드기는 곤충일까요?

우리 친구들이 진딧물과 진드기를 많이 혼동해요. 하지만 진딧물과 진드기는 서로 다른 동물로 전혀 관계가 없어요. 녀석들은 일단 계통에서 차이가 있지요. 진딧물이 곤충이라면 진드기는 거미에 가깝답니다. 진딧물은 다리가

일본참진드기

세 쌍이지만 진드기는 다리가 네 쌍이거든요. 또 진드기는 진딧물과 달리 머리, 가슴, 배로 구분되지 않고 한 몸으로 이루어져 있어요. 그리고 진드기는 사람이나 가축과 같은 동물에 기생하면서 피해를 주지만, 진딧물은 식물에 기생하면서 피해를 줍니다.

곤충 용어 설명

곤충의 변태(탈바꿈) 곤충이 성장하는 과정에서 생김새를 바꾸는 것으로, 크게 완전변태와 불완전변태로 나뉜다.

> **완전변태(갖춘탈바꿈, 완전탈바꿈)**
> 알▶애벌레▶번데기▶성충의 과정. 나비나 풍뎅이, 무당벌레 등이 이 과정을 거친다.

> **불완전변태(안갖춘탈바꿈, 불완전탈바꿈)**
> 알▶애벌레▶성충의 과정. 메뚜기나 사마귀, 잠자리 등이 이 과정을 거친다.

약충 불완전변태를 거치는 곤충의 애벌레. 알에서 나와 성충이 되기 전까지의 단계로, 마지막 탈피 과정을 거치면 바로 성충이 된다.

유충 완전변태를 거치는 곤충의 애벌레. 알에서 나와 번데기가 되기 전까지의 단계로, 보통 애벌레는 유충이라고 부르지만 완전변태와 불완전변태를 구별할 필요가 있을 때에 약충과 유충으로 구별해서 부른다.

탈피 곤충이 성장함에 따라 묵은 표피(겉껍질)를 벗는 것을 말한다. 곤충은 탈피 과정을 거침에 따라 표피가 더욱 튼튼해진다.

외골격 곤충 몸의 바깥을 둘러싸고 있는 골격으로, 절지동물은 주로 키틴질로 이루어져 있다.

키틴질 곤충이나 갑각류에서 딱딱하고 단단한 외골격을 구성하는 성분으로, 키틴과 단백질을 포함하고 있다. 키틴질은 수분이 증발하는 것을 막아 주고 곤충 몸 내부의 기관을 보호하는 역할을 한다.

수액 식물의 뿌리에서 줄기를 통해 잎으로 올라가는 액체로, 상처가 난 나무에서 많이 흘러나온다. 특히 참나무류 수액은 풍뎅이, 벌, 나비, 나방 등 여러 곤충이 좋아한다.

계절형 계절의 변화에 따라 동물의 크기나 모양, 색깔이 달라지는 것을 말한다. 똑같은 종의 곤충이라 하더라도 어느 계절에 발생하느냐에 따라 여러 변이가 나타난다.

발생 알이 성체가 되기까지의 과정.

진화 생물이 환경에 적응하고 발전하면서 여러 세대에 걸쳐 점차 변화해 가는 것을 말한다.

퇴화 생물이 진화하는 과정에서 더 이상 필요 없게 된 기관이 점차 작아지거나 기능을 잃고 사라지는 것을 말한다.

계통분류 생물을 비슷한 점과 다른 점에 따라 분류하고 정리하는 것을 말한다. 보통 생물을 분류하는 가장 작은 단위는 '종'이고, 가장 큰 분류 단계는 '계'이다. 가장 작은 단계부터 차례대로 종＜속＜과＜목＜강＜문＜계로 분류할 수 있다.

천적 다른 동물을 공격하여 먹이로 삼는 동물.

서식지 생물이 자리를 잡고 살아가는 장소. 땅 위, 땅속, 바다 등.

한살이 곤충이 알▶애벌레▶번데기▶성충 또는 알▶애벌레▶성충으로 성장해 가는 과정.

에사키뿔노린재

우리목하늘소

등얼룩풍뎅이

큰남생이잎벌레

대벌레

폭탄먼지벌레

1

곤충은 위협에 어떻게 대처할까?

1
냄새로 몸을 지키는 에사키뿔노린재

노린재목 뿔노린재과

방귀대장 노린재?

혹시 노린재를 손으로 직접 만져 본 적이 있나요? 만약 있다면 손에 묻은 고약한 냄새로 불쾌하다고 느낀 적이 있을 거예요. 노린재의 몸속에는 냄새를 풍기는 물질을 저장하는 냄새샘이 있거든요. 이곳에는 불포화 알데히드라고 불리는 휘발성 물질이 들어 있는데, 바로 이 성분이 그 지독한 냄새의 정체랍니다. 이 냄새가 사방으로 퍼지면 천적들은 역겨운 냄새를 피해 멀리 도망을 쳐요.

우리나라에 서식하는 21종의 뿔노린재들 가운데 에사키뿔노린재도 지독한 냄새를 뿜어내는 녀석이에요. 그런데 이 녀석은 이름이 참 특이하죠? '에사키'란 이 녀석을 맨 처음 발견한 일본 학자의 성이랍니다. 이왕이면 우리나라 학자의 이름으로 지었으면 훨씬 더 좋았을 텐데, 조금 아쉽죠?

궁금해요 곤충의 이름은 어떻게 지을까?

곤충은 그 종과 수가 워낙 다양하고 많아서 아직까지 사람들이 밝혀 낸 것보다는 모르는 부분이 훨씬 많아요. 종으로 구분하는 것은 분류학적으로 모두 저마다의 이름을 가지고 있죠. 새로운 곤충이 발견되면 신종으로 등록을 하는데, 그 종을 최초로 발견한 사람의 이름을 따서 짓는 경우가 많아요.
곤충 연구가 부족했던 과거에는 주로 외국 학자의 이름과 성으로 지은 곤충 이름이 많았어요. 하지만 최근에는 우리의 곤충 연구도 활발해져 우리나라의 성씨가 붙은 곤충 이름도 생기고 있답니다.

에사키뿔노린재

매력적인 등판의 하트 무늬

사람들은 보통 하트 무늬에 열광해요. 연인 사이의 사랑이나 친구 사이의 우정을 표현할 때에도 어김없이 하트를 사용하죠. 똑같은 물건이라도 하트가 있으면 사람들은 더 많은 의미와 가치를 부여하곤 해요. 곤충의 경우에도 마찬가지예요. 평범한 곤충이라도 하트 무늬가 몸에 새겨져 있으면 사람들의 많은 관심을 받게 되죠.

에사키뿔노린재가 바로 그런 곤충이에요. 녀석의 등판에 노란색의 하트 무늬가 있거든요. 그것도 예쁘게 생긴 하트 무늬가 선명하게 새겨져 있죠. 사람들은 녀석의 몸에 새겨진 하트 무늬의 사진을 찍어서 오래도록 간직하고 싶어 해요. 마치 사랑의 증표처럼 말이에요. 이쯤 되면 에사키뿔노린재 대신 사랑뿔노린재나 사랑무늬뿔노린재라는 이름이 더 어울릴지도 모르겠네요.

지독한 냄새는 방어용?

에사키뿔노린재는 여느 노린재들처럼 지독한 냄새를 풍기는 녀석이에요. 하지만 아무 때나 지독한 냄새를 풍기는 것은 아니에요. 천적의 위협에서 몸을 지켜야 할 때만 지독한 냄새를 풍기죠. 녀석은 위협을 느끼면 스컹크처럼 고약한 냄새를 안개처럼 뿜어낼 수 있어요.

예쁜 하트 무늬와 지독한 노린내라니, 정말 어울리지 않는 조합이죠? 하지만 녀석이 생존하려면 이 지독한 냄새가 반드시 필요해요. 나약한 노린재들에게 이런 무기마저 없었다면 야생에서 살아남기 힘들었을 테니까요.

최고로 모성애가 강한 노린재

한창 짝짓기 중인 에사키뿔노린재 부부가 있네요. 녀석들의 짝짓기 시간은 꽤 긴 편이에요. 주변으로부터 위협적인 움직임이 느껴져도 아랑곳하지 않고 짝짓기를 하죠. 에사키뿔노린재가 이렇게 오랫동안 짝짓기를 하는 것은 수컷의 짝짓기 전략 때문이에요. 자신의 짝을 다른 수컷에게 뺏기지 않으려고 일부러 오랫동안 짝짓기를 하는 거죠.

짝짓기가 끝난 암컷은 층층나무나 산딸나무, 호두나무 등의 잎에 알을 낳는데 알을 낳은 이후에도 알을 떠나지 않고 알 주변에 머물러요. 알이 무사히 부화할 수 있게 알을 지키고 보호하는 거죠.

에사키뿔노린재의 짝짓기

약충과 함께 있는 에사키뿔노린재 성충

에사키뿔노린재의 앞모습

엄마 노린재는 자기가 낳은 수십 개의 알을 하루 종일 몸으로 감싸면서 지내요. 그러다 천적이 나타나서 알을 먹으려고 하면 날갯짓을 해서 쫓아내죠. 하지만 알을 지키는 과정에서 천적에게 목숨을 잃기도 해요. 죽음을 무릅쓴 엄마 노린재의 자식 사랑 덕분에 새끼들은 건강하게 자랄 수 있어요. 에사키뿔노린재의 자식 사랑이 정말 대단하죠?

하나더 무늬가 밋밋한 풀색노린재

노린재들 중에는 에사키뿔노린재처럼 독특한 무늬를 가진 녀석들이 많아요. 하지만 별다른 무늬 없이 밋밋한 딱지날개를 가진 녀석도 있어요. 바로 풀색노린재처럼 말이죠. 녀석은 약충 시기에는 몸 색깔이 단풍처럼 울긋불긋하지만 성충이 되면 별 특색이 없는 모습으로 변해 버린답니다.

풀색노린재 약충 　　　　　풀색노린재 성충

2
덩칫값 못 하는 소심한 우리목하늘소

딱정벌레목 하늘소과

멋진 이름을 가진 하늘소

하늘소는 참 거창한 이름을 가진 곤충이에요. 작고 힘없는 곤충인데도 끝없이 높은 '하늘'과 커다란 '소'가 합쳐진 '하늘소'라는 이름을 가졌으니까 말이에요. 녀석들은 어떻게 그런 이름을 갖게 되었을까요? 하늘소의 얼굴을 보면 왜 그런 이름이 붙었는지 알 수 있답니다.

하늘소는 대부분 더듬이가 긴데 비행을 하면 이 더듬이가 마치 소뿔처럼 보이거든요. 곧 소가 하늘을 날아다니는 것처럼 보여서 하늘소라는 이름을 붙인 거예요. 이처럼 하늘소라는 이름 속에는 녀석들의 습성을 예리하게 관찰한 우리 조상들의 지혜가 숨어 있답니다.

애기우단하늘소

홀쭉범하늘소

천하장사처럼 힘이 센 우리목하늘소

아주 튼튼하고 강인해 보이는 하늘소가 있네요. 이 녀석의 이름은 우리목하늘소예요. 주로 떡갈나무와 같은 참나무류에서 살아가기 때문에 떡갈나무

하늘소라고도 해요. 녀석은 몸길이가 20~40밀리미터로 하늘소치고는 상당히 큰 편이에요. 실제로 힘도 천하장사처럼 무척 세고요. 이렇게 힘이 센 우리목하늘소는 예로부터 놀이 문화의 하나로 사용되었어요. 우리 조상들은 우리목하늘소로 돌을 들어 올리는 놀이를 했거든요. 컴퓨터와 스마트폰이 없던 시절, 우리목하늘소는 아이들에게 즐거운 놀이를 제공해 주는 친근한 곤충이었답니다.

어디서 그런 힘이 나오는 걸까?

우리목하늘소는 옷에 한번 달라붙으면 좀처럼 떨어지지 않아요. 한참을 실랑이를 하고 뜯어내야 떨어지죠. 녀석의 발끝에는 낚시 바늘처럼 생긴 갈고리가 있답니다. 생김새만 봐도 매나 호랑이의 발톱 못지않게 날카로워 보여요. 녀석이 옷에 달라붙으면 이 갈고리가 실에 걸려서 좀처럼 떨어지지 않는 것이죠. 또한 녀석에게는 빨판처럼 생긴 부절도 있어요. 부절이란 다리의 맨 마지막 마디, 곧 발목마디를 가리키는데 녀석은 이 부위를 이용하여 미끄러운 유리창에도 떨어지지 않고 달라붙을 수 있지요.

덩칫값을 못 하는 녀석이에요

우리목하늘소는 덩치도 크고 힘도 무척 세니까 싸움도 정말 잘할 것 같죠? 하지만 녀석은 의외로 성격이 소심해요. 무서운 포식자를 만나면 싸움

우리목하늘소

우리목하늘소의 발톱

우리목하늘소의 앞모습

대신 겁을 먹고 도망을 치거든요. 그것도 죽은 척 다이빙을 하면서 말이에요. 녀석은 평소에 나무나 잎에 가만히 붙어 있다가 위협을 느끼면 땅바닥으로 뛰어내리죠. 그러고 나서 움직이지 않고 가만히 눈치를 보고 있다가 포식자가 사라지면 다시 나무 위로 올라와요. 정말 의외로 소심하고 겁도 많은 녀석이죠?

왜 몸 색깔이 얼룩덜룩할까?

우리목하늘소의 몸에는 검은빛을 띤 갈색의 독특한 무늬가 있어요. 칙칙하고 얼룩덜룩한 이 무늬는 참나무류에서 살아가는 녀석에게 훌륭한 위장옷이나 마찬가지예요. 그래서 우리목하늘소가 참나무류 껍질에 달라붙어 있으면 숨은그림찾기 하듯 발견하기가 무척 어려워요. 덩치가 제법 큰 녀석임에도 우리 눈에 잘 보이지 않는 것은 그만큼 위장을 잘한다는 뜻이겠죠?

우리목하늘소

우리목하늘소는 어떻게 성장할까?

우리목하늘소는 주로 6~9월에 활동하는 곤충이에요. 보통 참나무류의 껍질을 갉아 먹으며 살아가지요. 우리목하늘소 애벌레는 참나무류 속에 기생하면서 물과 양분을 얻으며 살아가는데 성충이 되기까지 무려 3~4년이나 걸린다고 해요. 만약 여러분이 우리목하늘소 성충을 만난다면 오랜 시간 동안 힘겨운 성장 과정을 무사히 이겨 낸 녀석이니까 소중하게 다뤄 주세요.

하나더 두꺼비처럼 몸이 오돌토돌한 털두꺼비하늘소

털두꺼비하늘소는 우리목하늘소와 살아가는 환경이 매우 비슷해요. 두 녀석 모두 참나무류의 고목을 좋아하죠. 그래서 우리목하늘소가 있는 곳에는 털두꺼비하늘소도 함께 있을 확률이 높아요. 털두꺼비하늘소는 두꺼비처럼 몸통 표면이 오돌토돌한 데다가 딱지날개에 검은색 털 뭉치가 붙어 있어서 다른 하늘소와 쉽게 구별할 수 있답니다.

털두꺼비하늘소

3
더듬이가 삼지창인 등얼룩풍뎅이

• 딱정벌레목 풍뎅이과

🌿 쉽게 관찰할 수 있는 등얼룩풍뎅이

등얼룩풍뎅이는 풍뎅이과에 속한 곤충이에요. 우리나라에는 장수풍뎅이, 꽃무지, 소똥구리 등 풍뎅이과에 속한 곤충이 230여 종 있어요. 그중에서 가장 흔하게 관찰할 수 있는 풍뎅이가 바로 등얼룩풍뎅이예요. 숲속은 물론, 들판에만 가도 꽃이나 잎에 앉아 쉬고 있는 녀석을 쉽게 만날 수 있답니다. 우리 주변에서 흔하게 찾아볼 수 있기 때문에 곤충 탐구를 하는 데 많은 도움을 주는 녀석이기도 해요.

🌿 삼지창처럼 생긴 더듬이가 있어요

등얼룩풍뎅이가 다리를 쫙 편 채 쉬고 있네요. 생김새를 한번 살펴볼까요? 녀석은 몸길이가 8~13밀리미터예요. 연한 갈색으로 칠해진 딱지날개에 얼룩얼룩한 무늬가 새겨져 있어요. 이 무늬는 변이가 심한 편이어서 하얀색을 띠거나 검은색을 띠기도 하지요.

등얼룩풍뎅이는 이것 말고도 독특한 점이 하나 더 있어요. 바로 삼지창처럼 생긴 더듬이예요. 삼지창은 전쟁에서 사용되는 무기인데 임진왜란 때 명나라에서 처음 들어왔어요. 당시에는 조총 못지않은 최신 무기였지요.

그렇다면 등얼룩풍뎅이도 위험한 상황에 처하면 조선시대의 병사들같이 삼지창처럼 생긴 더듬이로

더듬이를 펼친
등얼룩풍뎅이

공격을 하는 걸까요? 정답은 "아니오"랍니다. 등얼룩풍뎅이는 천적이 나타나면 싸움보다는 도망을 택하는 평화주의자예요. 녀석의 더듬이는 공격용 무기가 아니라 주변의 물체를 알아보거나 냄새를 맡는 감각기관이랍니다.

위협을 느끼면 왜 번지점프를 할까?

등얼룩풍뎅이는 평소에는 삼지창처럼 생긴 더듬이를 쫙 펴고 있어요. 하지만 주변에서 위협을 느끼면 부채를 접듯이 하나로 바짝 오므린답니다. 녀석을 관찰하기 위해 가까이 접근하면 뒷다리를 살짝 들어 올려 경계 행동을 취하는 것을 볼 수 있어요. 그러다가 녀석은 자신이 위험하다고 느끼면 곧바로 땅으로 번지점프를 해요. 대부분의 힘이 없는 곤충들은 도망칠 때 가장 먼저 땅바닥으로 뛰어내려요.

더듬이를 접은 등얼룩풍뎅이

왜 하늘로 날아오르지 않고 땅으로 번지점프를 할까요? 날개가 있으니 바로 날아가는 게 쉽고 빠를 텐데 말이에요. 비행을 하는 것은 땅으로 뛰어내리는 것보다 에너지를 더 많이 소비하기 때문이지요. 또 한 번에 날아오르지 못하면 천적에게 잡아먹힐 수도 있고요. 수풀이 우거진 땅으로 떨어지면 천적의 시야에서 단번에 벗어날 수 있지요. 그래서 녀석은 비행보다는 번지점프를 선택하는 거예요. 등얼룩풍뎅이에게 번지점프는 최상의 방어 전략이랍니다.

애벌레는 잔디 뿌리를 잘 먹어요

등얼룩풍뎅이는 6월에서 10월에 걸쳐 관찰할 수 있어요. 애벌레 시기에는 주로 땅속에서 생활을 하지요. 녀석은 땅속에서 식물의 뿌리를 갉아 먹고 살아가요. 특히 잔디 뿌리를 많이 갉아 먹기 때문에 잔디가 많이 깔려 있는 골프장에 피해를 주기도 한답니다.

여름이 시작될 무렵이면 애벌레는 몸짓이 바빠집니다. 번데기를 거쳐 성충이 될 준비를 해야 하기 때문이지요. 보통 등얼룩풍뎅이는 알에서 성충이 되기까지 1~2년 정도 걸린다고 알려졌어요. 성충이 된 등얼룩풍뎅이는 숲속에서 활엽수 잎을 갉아 먹으며 살아간답니다.

등얼룩풍뎅이

하나더 똥을 좋아하는 소요산소똥풍뎅이

똥을 좋아하는 이 녀석의 이름은 소요산소똥풍뎅이예요. 이름에서 알 수 있듯이 녀석은 소똥을 무척 좋아해요. 소똥 이외에도 여러 포유류의 똥에서 주로 발견되죠. 이름에 풍뎅이가 들어가 있어 풍뎅이과에 속한 곤충일 것 같지만 녀석은 소똥구리과에 속한 곤충이랍니다.

소요산소똥풍뎅이

4

플라스틱 갑옷을 입은 듯한
큰남생이잎벌레

딱정벌레목 잎벌레과

남생이를 닮은 큰남생이잎벌레

혹시 남생이를 본 적이 있나요? 아마 '남생이'라는 이름 자체를 처음 들어 본 친구들도 많을 거예요. 간단히 소개를 하면 남생이는 우리나라에서 살아가는 거북의 한 종류로, 흔히 보는 거북이와 비슷하게 생긴 녀석이에요.

그런데 곤충 이야기를 하다가 갑자기 왜 남생이 이야기를 꺼냈냐고요? 이번에 소개할 곤충이 바로 큰남생이잎벌레라는

남생이

녀석이거든요. 녀석의 겉모습은 남생이와 비슷하게 생겼어요. 생김새가 매우 독특해서 전혀 곤충 같아 보이지 않죠. 그래서 녀석을 처음 보는 친구들은 정말 곤충이 맞는지 물어 보기도 해요. 하지만 녀석은 머리와 가슴, 배는 물론 세 쌍의 다리까지 다 갖추고 있는 엄연한 곤충이랍니다.

플라스틱 갑옷을 입은 것 같아요

큰남생이잎벌레라고 해서 엄청 덩치가 클 거라고는 기대하지 마세요. 녀석은 몸길이가 7~8밀리미터로 1센티미터가 채 되지 않거든요. 어디까지나 잎벌레 중에서도 조금 큰 정도예요. 큰남생이잎벌레는 남생이의 딱딱한 등 껍질처럼 딱지날개가 단단해요. 그 모습이 마치 플라스틱으로 만든 투명한

큰남생이잎벌레

몸이 뒤집힌 큰남생이잎벌레

갑옷을 입은 것처럼 보여요. 또 남생이처럼 엉금엉금 기어서 다닐 것 같지만 투명한 갑옷 안에 속 날개가 있어 비행을 할 수도 있어요.

그런데 곤충이면 가지고 있어야 할 다리 세 쌍이 보이질 않네요? 다리는 대체 어디에 있는 걸까요? 녀석의 다리는 딱지날개에 숨어 있어 잘 보이지 않아요. 하지만 몸을 뒤집으면 감춰진 세 쌍의 다리를 확인할 수 있답니다.

천적의 위협에 어떻게 대처할까?

큰남생이잎벌레는 위협을 느끼면 어떤 행동을 취할까요? 보통 남생이를 비롯한 거북은 천적의 위협을 피하기 위해 두꺼운 껍질 속으로 머리와 다리를 쏙 집어넣어 버리죠. 그리고 나서 천적이 사라지기를 가만히 기다려요.

큰남생이잎벌레도 마찬가지로 위협을 느끼면 거북이처럼 다리를 몸 아래쪽으로 쏙 넣어 버린답니다. 그런 모습으로 죽은 척하면서 천적이 사라질 때까지 기다리는 거죠. 그러다 안전하다고 느끼면 슬그머니 머리와 다리를 빼내서 몸을 움직이기 시작해요. 녀석은 생김새뿐만 아니라 방어 전략까지도 남생이와 매우 비슷하답니다.

큰남생이잎벌레의 경계 행동

큰남생이잎벌레는 어떻게 살아갈까?

큰남생이잎벌레는 주로 작살나무에서 살아가요. 1년에 1회 발생하는데 성충으로 겨울을 보내고 이듬해 봄이 되면 활동하기 시작해요. 녀석은 4~5월 사이에 작살나무에서 짝짓기를 하고, 짝짓기가 끝나면 잎 뒷면에 알주머니를 만들어 한 개씩 알을 낳아요.

알에서 깬 애벌레는 모두 네 번의 탈피 과정을 거쳐서 번데기가 된답니다. 5~6월에는 번데기에서 무사히 성충으로 날개돋이한 큰남생이잎벌레를 만날 수 있어요.

큰남생이잎벌레의 짝짓기

44

애벌레 시기에 똥을 짊어지고 다녀요

똥을 등에 짊어지고 다니는 곤충이 있을까요? 네, 있답니다. 바로 큰남생이잎벌레가 그 주인공이에요. 큰남생이잎벌레는 애벌레 시기에 똥을 짊어지고 다닌답니다.

왜 그런 이상한 행동을 하는 것일까요? 그 까닭은 천적의 위협에서 벗어나기 위해서예요. 애벌레 시기는 곤충의 일생 중에서 가장 연약한 시기예요. 녀석은 먹고 먹히는 약육강식의 세계에서 살아남기 위해서 똥을 짊어지고 다니는 독특한 생존 전략을 갖게 되었어요. 똥에서 나는 지독한 냄새로 천적들의 접근을 막는 것이죠. 힘없고 연약한 생명이다 보니 똥이라도 등에 짊어지고 다녀야 생명을 이어 갈 수 있나 봅니다.

하나더 금테를 두른 금자라남생이잎벌레

큰남생이잎벌레와 비슷하게 생긴 이 녀석은 금자라남생이잎벌레예요. 금테를 두른 듯 밝은 빛이 나는 모습이 인상적인 녀석이죠. 딱지날개에 선명하게 새겨진 네 개의 검은 무늬가 마치 자라의 다리처럼 보이지 않나요?

금자라남생이잎벌레

5
위장술의 달인 대벌레

대벌레목 대벌레과

🌿 대나무를 닮은 대벌레

막대기처럼 생긴 이 녀석의 이름은 무엇일까요? 바로 대벌레랍니다. 생김새가 마치 대나무처럼 길고 가는 데다가 대나무의 마디 같다고 해서 붙인 이름이죠.

대벌레는 위장술의 달인이랍니다. 멀리서 보면 나뭇가지처럼 보이기 때문에 나뭇잎이나 줄기 사이에 숨어 있으면 찾는 것이 불가능하죠. 게다가 주로 야행성이기 때문에 좀처럼 사람들 눈에 띄지 않는답니다.

대나무

🌿 날개가 퇴화되어 없어요

대벌레는 몸길이가 70~100밀리미터인데 몸 색깔은 크게 녹색형과 갈색형으로 구분해요. 주위 환경에 따라 녹색을 띤 대벌레와 갈색을 띤 대벌레로 나누어지죠.

대부분의 곤충은 다리 여섯 개, 더듬이 한 쌍, 날개가 두 쌍이지요. 그

대벌레

대벌레의 머리

중에서 대벌레에게서 찾을 수 없는 신체 부위가 있어요. 어디일까요? 바로 날개랍니다. 날개가 퇴화되어 사라져 버린 것이죠. 그래서 대벌레는 날지 못하는 대신 이동하기 편리하게 다리가 잘 발달되어 있답니다. 매우 늘씬하고 길쭉한 다리로 식물 위를 성큼성큼 걸어가는 모습이 무척 재미있지요.

공격을 받으면 다리를 떼고 도망쳐요

대벌레는 사람의 손이 닿으면 나무에서 떨어져 다리를 몸에 붙이고 가만히 있어요. 죽은 것처럼 연기를 하거나 나뭇가지로 위장하여 사람들 눈을 속이기 위해서예요. 대벌레는 식물의 여러 부분을 모방하여 마치 자신의 몸이 식물의 일부처럼 보이도록 진화해 왔어요. 멀리서 보면 식물의 줄기인지 대벌레인지 전혀 구별이 안 갈 정도로 말이에요.

재미있는 사실은 녀석은 천적에게 공격을 받으면 다리를 떼어내고 도망을 친다는 거예요. 마치 줄장지뱀이 꼬리를 자르고 도망치는 것처럼요. 더욱 신기한 것은 줄장지뱀의 잘린 꼬리가 재생되는 것처럼 대벌레의 잘린 다리도 역시 재생이 되어요. 신비로운 자연의 생태에 다시 한 번 감탄하게 되죠?

대벌레

잘린 대벌레 다리

줄장지뱀

🍂 왜 수컷은 안 보일까?

대벌레는 번식 활동도 매우 독특하게 해요. 곤충은 보통 암컷과 수컷이 짝짓기를 해서 알을 낳죠. 하지만 대벌레는 수컷 없이 암컷 혼자서도 번식이 가능하답니다. 이를 무성생식이라고 하는데, 대벌레 암컷은 번식 조건이 열악해지면 수컷 없이 혼자서 알을 낳아요. 외국 소설 『개미』의 저자 베르나르베르베르는 소설 속에서 느릿느릿 움직이는 수컷을 기다리다 지친 암컷 대벌레가 다른 생식법을 터득했다고 설명하고 있어요.

하지만 야생에서 대벌레를 보면 그렇게 느리지는 않아요. 어디까지나 소설가의 눈에 그렇게 보였을 테지요. 암컷 대벌레는 야생에서 쉽게 볼 수 있지만 수컷 대벌레는 거의 볼 수 없어서 그런 상상을 했는지도 몰라요. 대벌레는 보통 알 상태로 겨울을 보낸 뒤 이듬해 봄에 약충으로, 6~10월 사이에 성충으로 탈바꿈한답니다.

대벌레 수컷

궁금해요 세계에서 가장 몸이 긴 곤충은?

세계에서 몸길이가 가장 긴 곤충은 무엇일까요? 그 주인공은 중국의 광시성에서 발견된 대벌레예요. 녀석은 몸길이가 62.4센티미터에 이를 만큼 몸길이가 어마어마해요. 곤충 연구가인 '자오 리' 박사는 이렇게 긴 대벌레를 찾기 위해 무려 6년이 넘게 산속을 찾아 다녔다고 해요. 녀석의 이름은 최초 발견자인 자오 박사의 이름을 따서 '프리재니스트리아 차이녠스 자오'라고 합니다. 참고로 녀석이 발견되기 전까지는 보르네오 섬에서 발견된 대벌레(몸길이 56.7센티미터)가 가장 몸이 긴 곤충이었어요.

하나더 날개가 달린 대벌레도 있어요

대벌레는 날개가 퇴화되어 사라졌다고 설명했죠? 하지만 '대벌레'라는 이름을 가진 녀석들 중에는 날개를 가진 녀석도 있답니다. 대표적인 녀석이 바로 분홍날개대벌레예요. 하지만 겉모습만 보면 분홍날개를 전혀 찾을 수가 없어요. 왜냐하면 분홍날개는 겉 날개 속에 숨어 있거든요. 분홍날개대벌레는 전체적으로 대벌레와 비슷하게 생겼지만 몸집이 더 통통하고 몸길이가 더 짧은 편이에요.

분홍날개대벌레

6
폭탄 방귀를 뀌는 폭탄먼지벌레

딱정벌레목 딱정벌레과

독특한 방어 전략을 펼쳐요

곤충 중에는 천적의 위협에서 살아남으려고 독특한 방어 전략을 사용하는 녀석들이 많아요. 하지만 그중에서도 가장 독특한 방어 전략을 가진 곤충은 아마 폭탄먼지벌레일 거예요. 녀석은 위협을 느끼면 폭발하는 듯한 소리와 함께 희뿌연 독가스를 꽁무니에서 내뿜는데, 이는 어떤 곤충들에게서도 찾아보기 힘든 독특한 현상이죠.

녀석은 개체 수가 상당히 많은 편이지만 실제로 여러분이 직접 본 적은 거의 없을 거예요. 야행성이어서 주로 밤에만 활동하거든요. 그럼 베일 속에 가려진 폭탄먼지벌레의 비밀에 대해서 알아볼까요?

폭탄먼지벌레는 어떻게 생겼을까?

폭탄먼지벌레는 몸길이가 11~18밀리미터예요. 몸 색깔은 대체로 검은색을 띠지만 머리와 가슴은 노란색을 띠고 있어요. 녀석은 전체적인 생김새가 남방폭탄먼지벌레와 거의 비슷하게 생겼어요. 하지만 자세히 살펴보면 둘 사이의 차이점을 발견할 수 있어요.

먼저 가장 눈에 띄는 차이점은 가슴 양 옆을 둘러싼 검은색 줄이 있고 없음이에요. 남방폭탄먼지벌레는 가슴 양 옆에 검은색 줄무늬가 새겨져 있지만 녀석에게는 없거든요. 또한 딱지날개에 새겨진 누런색 띠무늬가 서로 조금씩 달라요. 폭탄먼지벌레는 누런색을 띤 무늬의 굴곡이 완만한 편이지만 남방폭탄먼지벌레는 무늬의 굴곡이 심해요. 비록 작은 차이라 해도 두 녀석

남방폭탄먼지벌레   폭탄먼지벌레

은 엄연히 서로 다른 종이에요. 두 종은 서로 짝짓기를 하지 않고 또 같은 영역 안에서도 살아가지 않는답니다.

폭탄 방귀에 숨은 비밀

녀석의 방귀는 무기라기보다 방어 기술에 가까워요. 왜냐하면 평소에는 독가스를 내뿜지 않기 때문이죠. 녀석은 생존에 위협을 느끼면 천적을 향해 독가스를 분출해요. 그럼 녀석이 어떻게 그 작은 몸으로 이런 독한 가스를 만들어 내는지 알아볼까요?

비밀은 바로 폭탄 방귀를 만드는 몸 구조에 있어요. 녀석의 배 끝에는 폭탄을 제조할 수 있는 폭발낭이 두 개 있거든요. 한곳에는 하이드로퀴논이라

폭탄먼지벌레

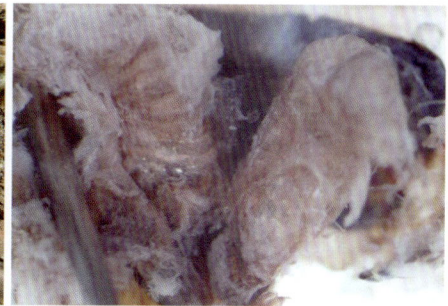
폭탄먼지벌레의 폭발낭

는 물질과 과산화수소가 각각 저장되어 있고, 다른 폭발낭에는 이 물질들과 반응을 일으키는 카탈라아제와 페록시다아제라는 물질이 들어 있죠.

🌿 방귀 속도가 초속 10미터나 된다고?

평소에는 두 폭발낭의 판막이 닫혀 있어서 반응을 일으키지 않지만 위협을 느끼면 판막을 열어서 여러 물질을 반응실로 내보내 폭발적인 화학반응을 일으키게 해요.

이때 과산화수소는 물과 산소로 분해되고 하이드로퀴논은 피-퀴논으로 산화되는데, 이 과정에서 섭씨 100도가 넘는 수증기와 퀴논 계열의 독가스 폭탄이 발사되지요. 폭발은 순간 최대 속도가 초속 10미터가 넘고, 1초에 735회까지 일어날 만큼 위력적이죠.

방귀를 맞은 천적들은 눈, 호흡기, 피부 등에 화상을 입어 두 번 다시는 녀석들을 잡아먹으려고 하지 않아요.

사람에게 이로운 폭탄먼지벌레

폭탄먼지벌레는 뜨거운 여름을 좋아해요. 특히 8~9월 사이에 가장 많은 수가 관찰이 되죠. 녀석은 야행성 곤충이라 낮에는 주로 낙엽이나 돌 틈 사이에 숨어서 지내요. 그러다 밤이 되면 여기저기 먹이를 찾아다니면서 왕성하게 활동하죠.

보통 우리 주변에서 해충으로 불리는 작은 곤충들을 잡아먹고 또 죽은 곤충들을 분해하기 때문에 우리에게 도움을 주는 고마운 녀석이에요.

하나 더 풀색먼지벌레도 있어요

폭탄먼지벌레와 같은 딱정벌레과에 속하는 녀석으로는 풀색먼지벌레가 있어요. 이름처럼 녀석은 몸이 초록빛을 띠고 있죠. 풀색먼지벌레는 폭탄먼지벌레와는 달리 방귀를 뀌지 못해요. 방귀 폭탄은 폭탄먼지벌레만 가지고 있는 아주 독특한 방어 기술이거든요. 녀석도 주로 풀숲이나 돌 밑에서 해충을 잡아먹고 살아가는 이로운 곤충이랍니다.

풀색먼지벌레

폭탄먼지벌레의 먹이 활동

긴알락꽃하늘소

호랑꽃무지

톱다리개미허리노린재

배자바구니

꽃등에

2

왜 다른 동물을 흉내 낼까?

1
말벌을 흉내 내는 긴알락꽃하늘소

딱정벌레목 하늘소과

왜 긴알락꽃하늘소라고 부를까?

이렇게 알록달록하게 생긴 곤충을 본 적이 있나요? 등판의 무늬가 아주 화려한 이 녀석의 이름은 긴알락꽃하늘소예요. 아마 녀석이 어렴풋이 스쳐 지나갔다면 여러분은 녀석이 하늘소일 거라고는 미처 생각하지 못했을 거예요. 윙윙거리면서 하늘을 날아다니는 녀석의 모습이 말벌과 비슷하기 때문이지요. 게다가 몸에는 검은색과 노란색이 섞여 있어서 멀리서 보면 정말 말벌처럼 보여요. 하지만 가늘고 기다랗게 생긴 몸과 긴 더듬이를 보면 녀석이 말벌이 아니라 하늘소임을 쉽게 알 수 있답니다.

광대 무늬가 매우 화려해요

긴알락꽃하늘소는 몸길이가 12~18밀리미터로 날씬해 보이는 편이에요. 녀석의 뚜렷한 특징은 딱지날개에 새겨진 화려한 무늬예요. 몸 색깔은 전체적으로 검은색을 띠고 있고, 딱지날개에는 노란색을 띤 네 개의 무늬가 독특하게 새겨져 있죠. 그 모습이 마치 탈을 쓴 광대의 모습과 닮아서 광대꽃하늘소라는 이름도 가지고 있답니다.

녀석의 날개에 새겨진 화려한 무늬는 개체별로 변이가 심한 편이에요. 날개 끝의 노란색 무늬가 아주 선명한 녀석부터 아예 없는 녀석도 있답니다. 그런데 같은 긴알락꽃하늘소라도 더듬이와 다리의 색깔이 다르기도 해요. 노란색을 띠기도 하고, 검은색을 띠기도 하지요. 하지만 그것은 개체별로 나타나는 색깔의 변이가 아니에요. 암컷과 수컷을 구별하는 중요한 형질이죠.

긴알락꽃하늘소 수컷

긴알락꽃하늘소 암컷

긴알락꽃하늘소 수컷은 검은색을 띤 더듬이와 다리를, 암컷은 노란색을 띤 더듬이와 다리를 가지고 있답니다.

왜 말벌을 흉내 내게 되었을까?

긴알락꽃하늘소는 꽃을 아주 좋아해요. 개망초, 산딸기 등 꽃이 있는 곳이라면 어디에서든 녀석을 볼 수 있죠. 그런데 꽃에는 녀석들만 있는 것이 아니에요. 꽃가루와 꿀을 먹기 위해 수많은 곤충들이 모여들기 때문에 꽃은 생존 경쟁이 아주 치열한 장소예요. 그곳에서는 말벌과 같이 독침을 가진 힘센 녀석들이 꽃을 독차지하기 쉬워요.

그래서 녀석은 먹이 경쟁에서 우위를 차지할 수 있게 힘센 말벌을 흉내 내는 쪽으로 진화해 왔어요. 생김새뿐만 아니라 비행하는 소리까지 말이에요. 또 말벌을 흉내 내면 다른 천적의 위협에서도 벗어날 수 있어요. 녀석을 잡아먹기 위해 천적이 접근하다가도 말벌처럼 보이면 그냥 지나치거든요.

여러분도 벌침에 쏘여 아파 본 경험이 있다면 말벌을 닮은 긴알락꽃하늘소를 보더라도 멀찌감치 피해서 가게 될 거예요.

긴알락꽃하늘소는 어떻게 살아갈까?

긴알락꽃하늘소 애벌레는 말라 죽거나 베어 놓은 참나무류를 파먹고 살아간답니다. 성충은 주로 5~8월에 관찰할 수 있는데 높은 산지보다는 야트막한 산지나 풀숲에서 쉽게 볼 수 있죠. 특히 따뜻한 봄이 되면 꽃에 머리를 처박고 꽃가루를 파먹는 모습을 많이 볼 수 있어요.

녀석은 워낙 꽃을 좋아해서 짝짓기도 꽃 위에서 해요. 암컷이 꽃가루를 정신없이 파먹는 틈을 이용하여 수컷이 짝짓기를 시도하죠. 긴알락꽃하늘소에게 꽃이란 먹이 활동과 번식 활동이 이뤄지는 삶의 터전이나 다름없답니다.

긴알락꽃하늘소의 짝짓기

하나더 하늘소 중에는 멸종 위기 종도 있어요

하늘소 중에는 그 수가 매우 적어 멸종 위기 종으로 지정된 녀석도 있어요. 멸종 위기 야생 동식물 1급이자 천연기념물 제218호로 지정된 장수하늘소가 바로 그 주인공이에요. 녀석은 몸길이가 120밀리미터 가량으로 동아시아지역에서 가장 몸집이 큰 하늘소예요. 경기도 광릉 숲과 강원도 오대산 등 매우 제한된 지역에서만 살아가고 있답니다.

장수하늘소

2
호랑이 무늬를 닮은 호랑꽃무지

딱정벌레목 꽃무지과

꽃을 좋아해서 꽃무지?

여름철 숲속에 가면 꽃에서 한창 먹이 활동 중인 다양한 꽃무지들을 만날 수 있어요. 하지만 녀석들이 꽃무지일 거라고는 미처 생각하지 못했을 거예요. 왜냐하면 녀석들은 생김새가 풍뎅이와 많이 닮아서 구별이 잘 안 되거든요. '꽃무지'는 녀석들이 주로 꽃 속에 머리를 파묻고 먹이 활동을 하기 때문에 붙인 이름이에요.

우리 주변에는 풀색꽃무지, 참넓적꽃무지, 흰점박이꽃무지 등 다양한 꽃무지들이 살고 있어요. 그중에는 호랑이 무늬로 사람들의 시선을 끄는 녀석도 있어요. 바로 호랑꽃무지라는 녀석이에요. 호랑꽃무지의 딱지날개에는 누런색과 검은색 무늬가 섞여 있는데, 그 모습이 마치 호랑이 털 무늬를 보는 것 같아요.

궁금해요 꽃무지와 풍뎅이는 뭐가 다를까?

겉모습만 보면 꽃무지와 풍뎅이가 비슷해 보이지만 녀석들은 꽤 달라요. 먼저 섭취하는 먹이가 다릅니다. 풍뎅이는 주로 나뭇잎을 갉아 먹으며 살아가지만, 꽃무지는 꽃에 모여 꽃가루를 파먹으며 살아가요. 또 풍뎅이는 비행을 할 때 딱지날개까지 활짝 펴서 날아가지만 꽃무지는 뒷날개만 펴서 비행을 한답니다.

풀색꽃무지

홈줄풍뎅이

🌿 등판에 새겨진 호랑이 무늬

호랑꽃무지는 몸길이가 8~13밀리미터로 전체적으로 검은색을 띠고 있어요. 녀석은 몸통 크기에 비해 머리가 작고 더듬이가 짧은 편이에요. 동그랗게 생긴 두 눈은 머리 양 옆으로 툭 튀어나와 있고요.

시베리아 호랑이

몸에는 노란색 긴 털이 촘촘히 덮여 있어서 마치 모피 옷을 입고 있는 것처럼 보여요. 딱지날개에는 짙은 누런색 띠 모양의 무늬가 세 줄이 있는데 호랑이의 이마에 있는 '임금 왕(王)' 자와 닮아 있어요. 녀석을 왜 호랑꽃무지라고 부르는지 확실히 알 수 있겠죠?

🌿 왜 꿀벌을 흉내 낼까?

호랑꽃무지의 몸 색깔은 호랑이 무늬처럼 보이기도 하지만 한편으로는 꿀벌처럼 보이기도 해요. 꽃 속에 머리를 파묻고 온몸에 꽃가루를 뒤집어쓴 모습을 보면 영락없이 꿀벌로 보이죠. 녀석들은 왜 꿀벌을 흉내 내는 걸까요? 그 까닭은 침을 가진 꿀벌의 장점을 생존 활동에 활용하기 위해서예요. 꿀벌로 착각하게 만들어 천적의 위협에서 벗어나는 거죠.

어릴 적 꿀벌에 쏘인 경험이 있다면 꿀벌을 닮은 녀석 곁에 가까이 가지 않을 거예요. 하지만 녀석은 꿀벌처럼 침을 가지고 있지 않기 때문에 쏘일 염려가 전혀 없어요. 오히려 주변의 미세한 움직임을 느끼면 녀석이 먼저

호랑꽃무지

꿀벌

도망을 칠 테니까요. 생김새는 꿀벌을 흉내 내곤 있지만 어디까지나 녀석은 꽃무지일 뿐이에요.

🌿 애벌레는 독특한 재주를 부려요

호랑꽃무지는 꽃에서 꽃가루만 먹는 것이 아니에요. 짝짓기도 한답니다. 큰까치수염, 개망초 같은 꽃을 자세히 관찰하면 한창 짝짓기 중인 호랑꽃무지 부부를 만날 수 있어요. 때로는 서너 마리가 한데 뭉쳐서 짝짓기 하는 모습을 보이기도 하죠. 짝짓기가 끝난 암컷은 죽은 나무에 알을 낳고, 부화한

호랑꽃무지의 짝짓기

70

애벌레는 죽은 나무 속을 파먹으며 성장해 간답니다.

"굼벵이도 구르는 재주가 있다"는 속담처럼 호랑꽃무지 애벌레는 독특한 묘기를 부려요. 등에 난 거친 털을 이용하여 거꾸로 누워서 이동을 하는데, 그 모습이 마치 서커스를 하는 것처럼 보인답니다. 호랑꽃무지 애벌레가 번데기를 거쳐 성충이 되기까지는 1~2년이 걸려요.

하나더 산란관이 기다란 참넓적꽃무지

참넓적꽃무지라고 해서 한 덩치 할 것 같지만 녀석의 몸길이는 1센티미터가 채 되지 않아요. 독특한 점은 꽃무지과의 곤충들과는 달리 암컷의 산란관이 기다랗다는 점이에요. 녀석은 짝짓기가 끝나면 참나무류 껍질에 산란관을 꽂아서 알을 낳는답니다.

참넓적꽃무지

3
개미를 닮은 톱다리개미허리노린재

노린재목 허리노린재과

🌿 늘씬한 몸매의 주인공, 톱다리개미허리노린재

매우 가는 허리를 표현할 때 '개미허리'라고 해요. 보통 몸매가 늘씬한 사람에 빗대어 개미허리라고 말하죠. 다이어트를 하는 사람들은 모두 개미허리를 가지고 싶어 한답니다. 연약한 개미가 사람의 몸매를 대표하다니, 참 신기하죠?

그런데 곤충 중에는 개미 말고도 늘씬한 허리를 가진 녀석이 또 있어요. 바로 톱다리개미허리노린재라는 녀석이에요. 이 노린재는 모두가 부러워할 만큼 허리가 아주 늘씬해요. 어쩌면 개미보다도 허리가 더 홀쭉할지도 몰라요. 그럼 얼마나 허리가 늘씬한지 한번 살펴볼까요?

🌿 다리에 톱니 모양의 가시가 달렸어요

톱다리개미허리노린재는 몸길이가 14~17밀리미터예요. 몸은 광택이 나는 갈색을 띠고 있는데 색깔 차이가 조금 심한 편이에요. 녀석의 가장 큰 특징은 이름에서도 알 수 있듯이 개미처럼 늘씬한 허리와 가시 돋친 다리예요. 그럼 먼저 허리부터 살펴볼까요?

어때요, 정말 이름처럼 허리가 잘록하죠? 톱다리개미허리노린재를 맨 처음 발견한 사람

톱다리개미허리노린재의 뒷다리

은 아마 녀석의 늘씬한 허리에 반했는지도 몰라요. 그래서 개미허리라는 말을 이름에 넣었겠죠? 녀석의 두 번째 특징은 가시가 돋친 다리예요. 하지만 모든 다리에 가시가 돋아 있는 것은 아니에요. 세 번째 다리에만 가시가 돋아 있죠. 넓적다리마디에 나 있는 톱니 모양의 가시를 보면 정말 톱질을 할 수도 있을 것 같다는 생각이 들어요.

왜 개미를 흉내 낼까?

녀석이 약충이었을 때 모습을 한번 살펴볼까요? 어떤 곤충을 닮았나요? 얼핏 봐도 생김새가 개미와 많이 닮지 않나요? 이처럼 톱다리개미허리노린재는 어린 약충 시기에 개미의 모습을 흉내 낸답니다. 천적에게 잡아먹히지 않고 살아남기 위한 하나의 생존 전략이죠. 우리가 보기에 개미는 약한 곤충에 지나지 않지만 곤충들이 보기에는 생존력이 아주 강했나 봐요. 아마도 집단생활을 하는 개미들이 협동을 통해 큰 힘을 발휘하는 모습을 보았기 때문일 거예요.

하지만 톱다리개미허리노린재는 성충이 되어 가면서 점점 개미의 모습이 사라지지요. 더 이상 개미의 모습을 흉내 내지 않아도 어느 정도 살아갈 수 있는 힘이 생겼기 때문이에요. 다 자란 성충에게서는 약충 시기의 개미 모습을 전혀 찾아볼 수가 없답니다.

톱다리개미허리노린재 약충

콩 없이는 못 살아요

톱다리개미허리노린재는 5~11월까지 우리나라 전역에서 관찰되는 흔한 노린재예요. 녀석은 성충의 모습으로 겨울을 보내는데 보통 풀숲이나 낙엽 속에 숨어서 추위를 이겨 내는 경우가 많아요. 이듬해 날씨가 따뜻해지는 봄이 되면 다시 활발하게 활동하기 시작하죠. 여름철이 되면 나뭇잎 위에서 짝짓기를 하는 모습을 쉽게 볼 수 있어요.

톱다리개미허리노린재

짝짓기를 끝낸 암컷은 팥처럼 생긴 작은 알을 낳아요. 알에서 부화한 약충은 콩과 식물 즙을 빨아 먹으며 성장해 가는데 여섯 번의 탈피 과정을 거치면 성충으로 변해요. 녀석들은 잎과 줄기는 물론, 콩꼬투리까지 침을 찔러서 즙액을 빨아 먹기 때문에 농부들에게는 골치 아픈 해충이에요.

하나더 허리가 넓적한 넓적배허리노린재

톱다리개미허리노린재는 늘씬한 허리를 가지고 있었죠? 반대로 허리가 넓적한 노린재도 있답니다. 바로 넓적배허리노린재예요. 녀석은 주로 칡이나 등나무 등의 콩과 식물에서 관찰할 수 있답니다.

넓적배허리노린재

4
새똥을 닮은 배자바구미

딱정벌레목 바구미과

독특한 이름에 담긴 비밀

여러분은 바구미에 대해서 얼마나 알고 있나요? 처음 바구미를 접하는 친구들은 바구미를 바구니로 듣기도 해요. 그만큼 바구미는 우리에게 낯선 이름이죠.

우리나라에는 약 65종의 바구미들이 살고 있는데, 그중에는 새똥을 닮은 재미있는 녀석도 있어요. 바로 긴 주둥이가 인상적인 배자바구미라는 곤충이에요. '배자'라는 말이 조금 어렵죠? 배자는 한복 저고리 위에 입는 덧옷을 말해요. 그런데 왜 배자바구미냐고요? 녀석의 몸 색깔이 마치 배자를 입은 것처럼 보이거든요. 배자바구미! 기억하기도 쉽고 생김새도 잘 떠오르는 괜찮은 이름이죠?

배자

새똥을 꼭 빼닮은 배자바구미

배자바구미를 처음 보면 딱 떠오르는 것이 있을 거예요. 바로 새똥이에요. 칡 잎에 가만히 앉아 있는 모습이 정말 새똥과 꼭 빼닮았어요. 녀석이 새똥처럼 보이는 이유는 몸에 검은색과 흰색의 무늬가 섞여 있고, 딱지날개에 얽은 자국처럼 구멍이 나 있기 때문이에요. 또한 몸길이가 6~10밀리미터밖에 되지 않는 작은 몸집으로 줄기에 붙어 있으면 더더욱 새똥처럼 보인답니다.

배자바구미

배자바구미

녀석을 가까이에서 자세히 관찰해 보면 주둥이가 기다랗게 튀어나와 있는 것을 볼 수 있어요. 그 모습이 코끼리를 보는 것처럼 재미있는 얼굴이에요. 몸집이 매우 작은 녀석이 한 덩치 하는 코끼리와 비슷하다니, 참 이상하죠? 배자바구미는 코끼리 코처럼 생긴 주둥이를 이용하여 식물의 줄기나 잎을 파먹고 살아갑니다. 녀석은 다리 끝에 빨판처럼 생긴 발목마디가 있어서 잎이나 줄기에서 떨어지지 않고 먹이 활동을 할 수 있답니다.

왜 새똥을 흉내 낼까?

배자바구미는 세상의 많고 많은 사물 중에서 왜 하필 새똥을 흉내 낼까요? 그것은 똥에서 지독한 악취가 나기 때문이에요. 대부분의 동물이 배자바구미를 새똥인 줄 알고 그냥 지나쳐 가죠. 배자바구미가 새똥처럼 진화한 것은 위험한 천적에게서 살아남기 위한 생존 전략이에요.

녀석이 좋아하는 칡덩굴은 많은 곤충이 모이는 사냥터예요. 머리와 다리를 숨기고 진짜 새똥인 것처럼 연기를 하지 않으면 쥐도 새도 모르게 잡아먹힐 수밖에 없어요. 하지만 똥

배자바구미

처럼 가만히 있으면 새, 거미, 사마귀와 같은 천적이 그냥 지나치게 되죠. 이처럼 힘이 약한 곤충 중에는 똥과 같은 더러운 오물을 흉내 내는 녀석들이 더러 있답니다.

위협을 느끼면 번지점프를 해요

배자바구미는 힘이 매우 약해요. 포식자가 나타나면 싸움에서 질 수밖에 없어요. 녀석은 평소에는 새똥인 척 가만히 앉아 있어요. 그러다 미세한 움직임이라도 감지되면 즉시 땅바닥으로 뛰어내린 뒤 한참 동안 죽은 척하고 있어요.

간혹 아래로 떨어지다가 잎에 걸리기도 하고 튕겨 나가기도 해요. 그러고 나서 위협이 사라졌다고 느끼면 다시 꿈틀꿈틀 움직이기 시작한답니다.

배자바구미는 어떻게 살아갈까?

배자바구미는 5~10월에 걸쳐 관찰할 수 있어요. 녀석은 성충으로 겨울을 보내고, 이듬해 봄이 되면 칡덩굴 줄기에서 짝짓기를 하는 모습을 볼 수 있어요. 짝짓기를 마친 암컷은 긴 주둥이를 이용하여 줄기 속을 파낸 뒤 그 안에 알을 낳아요.

알을 낳은 자리에는 동그란 혹이 생기는데, 부화한 애벌레는 혹 속에서 번데기가 될 때까지 성장을 해요. 9월이면 번데기에서 날개돋이한 배자바구미

배자바구미의 짝짓기

성충을 볼 수 있답니다.

하나더 더듬이가 기다란 긴더듬이주둥이바구미

이름이 참 길죠? 녀석은 이름처럼 더듬이가 길어요. 하지만 긴 더듬이에 비해 주둥이는 아주 짧은 편이죠. 몸길이는 5~6.5밀리미터로 배자바구미보다 훨씬 작아요. 녀석은 몸 표면이 은은한 금빛이 도는 녹색 비늘 조각으로 덮여 있어서 무척 신비로운 느낌을 주는 바구미랍니다.

긴더듬이주둥이바구미

5
벌일까, 파리일까? 꽃등에

파리목 꽃등에과

왜 꽃등에라고 부를까?

꿀벌과 비슷하게 생긴 곤충이 있네요. 다시 보니 파리와 비슷한 것 같기도 해요. 벌도 닮고 파리도 닮은 이 녀석의 이름은 무엇일까요? 바로 꽃등에랍니다. 꽃을 유난히 좋아해서 '꽃등에'라는 이름이 붙었어요. 녀석은 벌처럼 생겼지만 분류학적으로는 파리에 가까운 곤충이에요. 하지만 습성은 파리보다는 벌에 더 가까워서 벌과 비슷한 행동을 보이죠. 녀석은 더러운 오물에 모이는 파리와는 달리 벌처럼 꽃에 모여 꿀과 꽃가루를 먹으며 살아가거든요.

궁금해요 꽃등에는 꿀벌과 어떻게 다를까?

꽃등에와 꿀벌은 어떤 점이 다를까요? 가장 큰 차이점은 바로 따가운 침이에요. 꿀벌은 따가운 침을 가지고 있지만 꽃등에는 침을 가지고 있지 않거든요. 또 날개의 개수에도 차이가 있어요. 꿀벌은 날개가 두 쌍이지만 꽃등에는 날개가 한 쌍밖에 없답니다. 대부분의 파리목에 속한 대부분의 곤충은 날개 한 쌍이 퇴화해 매우 작죠. 그리고 생김새뿐만 아니라 먹이 활동에도 차이가 있어요. 꿀벌은 꽃과 꽃가루를 모아두는 습성이 있지만 꽃등에는 꽃가루를 모으지 않고 먹기만 한답니다. 꽃등에와 꿀벌, 비슷한 것 같지만 다른 점이 참 많죠?

꽃등에

꿀벌

자동차와 비슷한 속도를 내요

꽃등에는 엄청난 속도로 비행을 할 수 있어요. 특히 짝짓기 철에 수컷이 암컷을 쫓아갈 때의 순간 속도는 시속 145킬로미터에 이르러요. 작은 곤충에 지나지 않은 꽃등에가 자동차와 비슷한 속도를 내다니, 정말 대단하죠?

녀석은 빠른 비행뿐만 아니라 정지비행에도 능숙해요. 녀석은 날개의 앞쪽과 뒤쪽을 움직이는 각도를 다르게 하여 비행할 수 있기 때문에 자유로운 정지비행이 가능해요. 하지만 파리는 날개의 앞쪽과 뒤쪽이 통으로 움직이기 때문에 정지비행을 할 수가 없답니다.

꽃등에

꽃등에는 어떻게 살아갈까?

꽃등에는 1년에 4~5회 발생해요. 녀석은 진딧물이 많은 나무나 풀에 바나나 모양의 알을 낳아요. 알 덩어리 속에는 작은 알이 약 200여 개 들어 있어요. 꽃등에 애벌레는 여느 파리목에 속한 곤충처럼 다리가 없는 구더기처럼 생겼어요. 이 애벌레는 주로 잎에서 진딧물을 먹고 성장하는데 한 마리가 평생 동안 잡아먹는 진딧물의 수가 무려 300~500마리라고 해요. 세 번의 탈피 과정을 거친 애벌레는 번데기 과정을 거쳐 성충으로 탈바꿈한답니다.

하나더 벌과 모기를 합쳐 놓은 듯한 빌로오드재니등에

꽃등에는 벌과 파리를 닮았다고 했죠? 그런데 벌과 모기를 합쳐 놓은 듯한 등에도 있어요. 바로 빌로오드재니등에에요. 사진을 한번 볼까요? 몸통은 벌인데 주사기 바늘처럼 생긴 긴 주둥이는 정말 모기 같죠? 녀석은 긴 주둥이를 이용해서 꽃에서 꿀을 빨아 먹는답니다. 낯선 이름 때문에 외래 곤충 같지만 녀석은 우리나라에서 오랫동안 살아온 순수 토종 곤충이랍니다.

빌로오드재니등에

게아재비

물자라

송장헤엄치게

애소금쟁이

장구애비

3
물에서도 곤충이 살 수 있을까?

1
사마귀를 닮은 게아재비

노린재목 장구애비과

물속에 사는 사마귀?

물속에도 사마귀가 살고 있을까요? 너무 황당한 질문인가요? 땅 위에서 살아가는 사마귀가 물속에 들어가면 당연히 죽어 버릴 테니까요. 하지만 진짜 사마귀는 아니더라도 물속에도 사마귀를 닮은 곤충이 살고 있답니다. 녀석의 이름은 바로 게아재비예요. 주로 논이나 저수지 등에 서식하는데 사마귀와 생김새가 매우 비슷하여 '물사마귀'라고도 불린답니다. 지금부터 녀석이 얼마나 사마귀와 많이 닮았는지 생김새를 알아보도록 해요.

날개가 있어서 비행도 가능해요

먼저 녀석의 몸통부터 살펴볼까요? 한눈에 보니 게아재비는 가늘고 긴 막대기 모양처럼 생겼군요. 몸길이는 40~45밀리미터로 물속에서 살아가는 곤충치고는 몸집이 꽤 큰 편이에요. 그런데 큰 몸집에 비해 머리 크기가 매우 작죠? 몸매가 팔등신 정도 되는 것 같아요. 그럼 이번에는 몸 색깔을 한번 살펴볼까요? 녀석의 몸은 광택이 나는 갈색을 띠고 있어요. 아마 논이나 웅덩이 속의 진흙과 비슷한 보호색을 띠는 거겠죠?

게아재비는 물속에서 사는 곤충이지만 헤엄은 썩 잘 치지 못해요. 녀석은 헤엄보다는 물 바닥을 걸어 다니면서 먹이 활동을 하거든요. 다리로 헤엄을 치는 보통의 수서곤충들과는 다른 모습이죠. 대신 녀석은 무섭게 생긴 앞다리로 사냥을 하고, 나머지 다리 두 쌍으로 물 바닥을 기어 다녀요.

하지만 녀석이 물 위로 올라와야 할 때도 있어요. 바로 숨을 쉬어야 할 때

게아재비

죠. 게아재비는 물속에서 호흡을 할 수 없기 때문에 숨을 쉬려면 배 끝에 달린 빨대처럼 생긴 숨관을 물 밖으로 내밀어야만 해요. 우리는 코로 쉽게 숨을 쉬지만 녀석은 물 밖으로 힘들게 숨관을 내놓고 숨을 쉬죠.

게아재비는 물속에 사는 곤충이지만 날개가 있어서 가끔 물에서 나와 날아다닐 수도 있어요. 하지만 날개가 젖어 있으면 비행을 제대로 할 수 없으니까 날기 전에 물 밖으로 나와서 충분히 말려야만 해요.

🌿 매복 사냥으로 먹이를 잡아요

게아재비는 생김새는 물론, 사냥 방법까지도 사마귀와 매우 비슷하답니다. 특히 녀석은 물풀 사이에 숨어 있다가 올챙이나 송사리 같은 작은 생물

게아재비의 머리

게아재비의 앞다리

을 사냥해요. 이는 풀숲에 숨어서 먹이 사냥을 하는 사마귀의 습성과 매우 닮았죠. 사마귀와 닮은 점은 이것뿐만이 아니에요. 사냥을 할 때 낫처럼 생긴 날카로운 앞다리로 먹이를 재빨리 움켜쥐는 것도 사마귀와 비슷해요. 두 녀석이 같은 종이 아닌가 싶을 정도로 정말 많이 닮았죠?

하지만 사냥한 먹이를 먹을 때의 모습에서 차이가 있어요. 게아재비는 침처럼 생긴 주둥이를 꽂아 체액을 빨아 먹지만 사마귀는 사냥한 먹이를 주로 씹어서 먹는답니다. 참고로 게아재비의 앞다리에는 가시 모양의 돌기가 나 있어 한번 잡은 먹이는 잘 놓치지 않아요.

아가미 호흡을 하는 약충

게아재비는 성충의 모습으로 겨울을 지내다 이듬해 5월쯤에 짝짓기를 해요. 짝짓기가 끝난 암컷은 물 밖으로 나와 진흙 속이나 썩은 나무 틈새에 알을 낳아요. 알에서 깬 애벌레는 숨관으로 호흡하는 성충과는 달리 아가미로 호흡을 해요. 녀석들은 주로 물속에 사는 작은 곤충이나 물고기를 잡아먹고 성장하죠. 네 번의 탈피 과정을 거치면 5령의 애벌레가 되는데, 이 시기에 날개돋이가 이루어진답니다. 날개돋이가 끝나면 번데기 과정을 거치지 않고 허물벗기로 바로 성충이 되지요.

하나더 방게아재비는 또 뭐죠?

방게아재비는 게아재비와 생김새가 거의 비슷한 녀석이에요. 차이가 있다면 몸집의 크기가 조금 다르죠. 곤충 이름에 '방' 자가 붙으면 대부분 원래의 생물보다 몸집이 작아요. 방게아재비 역시 몸길이가 24~32밀리미터로 게아재비보다 작아요. 또한 숨관의 길이에도 차이가 있어요. 게아재비는 보통 숨관이 제 몸길이와 비슷하거나 더 길지만 방게아재비의 숨관은 몸길이의 3분의 2가량밖에 되지 않거든요.

방게아재비

궁금해요 수서곤충은 언제부터 물속에서 살았을까요?

게아재비와 같은 수서곤충들을 자세히 살펴보면 육상의 곤충들과 비슷한 점이 매우 많다는 것을 알 수 있어요. 날개로 비행을 할 수도 있고, 물 밖에서 호흡하며 살 수도 있죠. 또한 몸 표면이 키틴질의 성분으로 되어 있어 물이 스며들지 않아요. 이러한 사실들을 볼 때 녀석들이 원래는 땅 위에서 살던 곤충이었음을 추측할 수 있어요. 그럼 녀석들은 왜 땅 위의 생활을 마다하고 물속으로 들어가게 된 걸까요?

여러 이유가 있을 테지만 가장 큰 이유는 육지의 무서운 천적들을 피하기 위해서 였을 거예요. 물속은 땅 위보다 천적의 수가 훨씬 적고 또 천적들 중에는 물을 싫어 하는 녀석도 많았기 때문에 물속 생활을 택하게 되었던 것이죠.

수서곤충의 서식지인 습지

2
등에 알을 짊어지고 다니는 물자라

노린재목 물장군과

자라를 쏙 빼닮은 물자라

여러분은 자라에 대해서 얼마나 알고 있나요? 실제로 본 적은 없더라도 《별주부전》에 나오는 거북을 닮은 자라를 한번쯤은 들어 봤을 거예요. 용왕의 명령으로 토끼의 간을 가지러 갔던 신하가 바로 자라거든요.

그런데 곤충 중에도 생김새가 자라를 꼭 빼닮은 녀석이 있답니다. 그 주인공은 바로 물자라예요. 물자라는 수서곤충치고는 딱지날개가 꽤 단단한데, 그 모습이 자라의 등판과 많이 닮았어요. 또 넓적한 몸에 비해 작은 머리가 목이 짧은 자라의 모습과 비슷하죠.

하지만 이는 어디까지나 생김새가 닮았을 뿐 계통학적으로는 관련이 없어요. 또 물자라는 등에 알을 짊어지고 다니는 독특한 습성이 있어 '알지기', '알지게'라고도 불린답니다.

자라

물속을 헤엄치는 데 편리한 몸 구조

물자라는 몸길이가 17~20밀리미터예요. 몸은 위에서 보면 뒤쪽으로 갈수록 조금씩 넓어지는 타원형으로 생겼답니다. 하지만 옆에서 보면 편평한 모양이라 물속을 헤엄쳐 다니기에 편리한 구조로 발달되어 있지요. 특히 녀석은 앞에서 살펴본 게아재비와는 달리 다리를 이용하여 물속에서 빠르게 헤엄칠 수 있어요. 하지만 모든 다리를 헤엄을 치는 데 사용하는 것은 아니에요. 낫처럼 생긴 앞다리는 주로 먹이를 포획할 때 사용하고, 나머지 두 쌍의 다리는 헤엄을 치는 데 사용하죠.

물자라의 배 끝에는 호흡을 하는 짧은 숨관이 있어요. 물자라는 이 숨관을 날개 속에 넣어 두었다가 숨을 쉴 때만 물 밖으로 길게 빼내서 호흡을 하지요. 또한 녀석은 날개를 가지고 있어 물속 환경이 나빠지면 날갯짓을 해서 다른 곳으로 이동할 수도 있답니다.

왜 등에 알을 짊어지고 다닐까?

물자라의 등에 붙어 있는 것이 무엇일까요? 두드러기가 난 것처럼 조금 징그러워 보여요. 하지만 녀석의 등에 붙어 있는 것은 두드러기가 아니라 알이랍니다. 짝짓기를 끝낸 암컷이 수컷의 등에 줄지어 알을 낳거든요. 대부분의 곤충들은 짝짓기가 끝나면 알을 낳고 떠나 버려요. 하지만 물자라는 알을 떠나지 않고 알이 부화할 때까지 지키고 보호하죠. 게다가 엄마가 아닌 아빠가 알을 돌본다는 것도 참 신기한 일이고요.

수컷 물자라는 최대 70개 정도의 알을 짊어질 수가 있는데 알이 부족할 때에는 다른 암컷과 짝짓기를 해서 알을 채울 만큼 자식 사랑이 대단해요. 또 녀석은 건강한 상태로 알을 유지하기 위해 죽음을 무릅쓰고 하루 종일 물 밖에서 지내기도 해요. 알이 썩지 않게 충분한 산소를 공급해 주고 적당한 온도를 유지하기 위해서죠. 자신보다 새끼의 생명을 더 소중히 여기는 수컷

물자라

알을 등에 짊어진 수컷 물자라

물자라의 자식 사랑이 정말 대단하게 느껴지지 않나요?

🌿 겨울에는 땅 위에서 지내요

물자라는 주로 물살이 완만한 개울이나 물이 고인 웅덩이에서 온갖 유기물을 먹고 살아간답니다. 특히 송사리, 올챙이와 같은 작은 물고기나 수서곤충들을 사냥하죠. 사냥이 끝나면 침처럼 생긴 날카로운 입을 먹이에 찔러 체액을 빨아 먹어요. 마치 드라큘라처럼 말이에요.

물자라 약충

물자라는 대부분 물에서 살아가지만 날씨가 추워지면 땅 위로 올라와요. 아무래도 꽁꽁 얼어 버린 물속보다는 육지에서 겨울을 보내는 것이 생존에 더 유리해서겠죠? 무사히 겨울을 보낸 녀석들은 이듬해 봄이 되면 짝짓기를 해요. 보통 5~6월에는 등에 알을 지고 있는 수컷을 만날 수 있을 거예요.

땅 위로 나온 물자라

3
물 표면에 붙어 있는 송장헤엄치게

노린재목 송장헤엄치게과

송장헤엄치게 이름의 비밀

송장헤엄치게는 이름이 아주 독특하죠? 혹시 녀석의 이름의 뜻을 알고 있는 친구가 있나요? 아마 뜻을 알면 깜짝 놀랄지도 몰라요. '송장'은 우리말로 '죽은 사람의 몸', 즉 시체를 말하거든요. 곤충 이름치고는 정말 무섭지 않나요? 이런 이름이 붙은 까닭은 녀석의 생태 습성이 송장과 깊은 관련이 있어서예요. 녀석은 배영을 하는 것처럼 몸을 뒤집어 아랫면을 드러내고 헤엄을 치는데, 그 모습이 마치 시체가 떠 있는 것처럼 보이거든요. 그래서 사람들은 녀석에게 송장헤엄치게라는 이름을 붙였답니다.

노처럼 생긴 튼튼한 뒷다리

송장헤엄치게는 몸길이가 11~14밀리미터예요. 녀석은 전체적으로 칙칙한 갈색을 띠고 있고, 몸 표면이 반질반질하고 매끄러워요. 생김새 중 가장 먼저 눈에 띄는 것은 노처럼 생긴 길고 튼튼한 뒷다리예요. 녀석은 노를 젓

송장헤엄치게의 윗면

송장헤엄치게의 아랫면

는 것처럼 뒷다리를 이용하여 물속을 자유롭게 헤엄쳐 다녀요. 특히 뒷다리에는 가는 털이 빗살처럼 많이 나 있어서 방향을 바꾸는 데에도 편리하죠. 이와 달리 앞다리와 가운뎃다리는 주로 몸을 떠받치거나 먹이를 잡을 때 사용해요. 같은 다리라 할지라도 각각 생김새와 그 역할이 다르답니다.

송장헤엄치게는 대부분의 시간을 물속에서 보내는데, 녀석을 유심히 관찰해 보면 물속으로 들어갔다가 떠오르기를 반복하는 것을 알 수 있어요. 이런 행동을 하는 까닭은 호흡을 하기 위해서예요. 녀석의 날개 밑에는 은빛으로 빛나는 공기막이 있는데, 산소가 떨어지면 녀석은 이곳에 새로운 산소를 채워 넣어야 해요. 그래야만 물속에서 숨을 쉬며 살 수 있거든요.

왜 기울어진 채로 떠 있을까?

송장헤엄치게를 자세히 관찰해 보면 물 표면 가까이에 30~40도 기울어진 상태로 누워서 떠 있는 모습을 볼 수 있을 거예요. 그냥 반듯하게 누워 있어도 될 텐데 왜 기울어진 채로 떠 있을까요? 그 까닭은 기울어진 채로 떠 있는 것이 먹이를 잡아먹거나 숨쉬기에 편리하기 때문이에요. 녀석은 오랜 시간 동안 기울어진 채로 잠수하는 능력을 발달시켜 왔어요. 그 자세로 물 표면 가까이에 떠 있는 것이 생존에 훨씬 더 유리하다는 사실을 몸으로 터득하게 된 것이죠.

또 녀석이 물속에서 몸을 뒤집어 뜰 수 있는 것은 앞다리와 가운뎃다리로 물을 떠받치고 있기 때문이에요. 녀석은 네 다리를 이용하여 물에 뜰 수도

송장헤엄치게의 공기막

송장헤엄치게

있고 가라앉을 수도 있지요. 그런데 녀석이 반듯하게 떠 있을 때가 있어요. 그건 바로 녀석이 죽었을 때예요. 송장헤엄치게는 죽으면 몸을 뒤집어서 뜰 수 있는 기능을 잃게 된답니다.

위협을 느끼면 침으로 찔러요

송장헤엄치게는 4~10월에 물이 고인 논이나 웅덩이 등에서 관찰할 수 있어요. 녀석은 주로 물속 작은 생물이나 물 위에 떨어진 작은 곤충들을 잡아먹고 살아가요. 사냥이 끝나면 먹이에 뾰족한 주둥이를 찔러 체액을 빨아 먹죠. 끝이 날카로운 주둥이는 먹이 활동뿐만 아니라 천적의 위협에서 몸을 보호하는 역할을 하기도 해요. 녀석은 위협을 느끼면 뾰족한 입으로 천적의 몸을 마구 찌르거든요. 녀석의 입에 찔리면 마치 벌에 쏘인 것처럼 따끔하고 아프니까 손으로 만질 때에는 항상 조심해야 해요.

4
물 위를 뛰어다니는 애소금쟁이

노린재목 소금쟁이과

왜 소금쟁이라고 부를까?

물 위를 걸을 수 있는 사람이 있을까요? 사람은 물에 한번 발을 디디면 풍덩 빠지고 말아요. 하지만 곤충 중에는 물 위를 자유자재로 걷고 뛰어다니는 녀석들이 있어요. 바로 소금쟁이예요. 소금쟁이과에 속한 곤충은 물 위를 마음껏 뛰어다닐 수 있어요.

왜 하필 녀석의 이름에 바다에서 나는 '소금'이라는 말이 붙었을까요? 그것은 녀석이 물 위에 서 있는 모습과 관련이 있어요. 소금쟁이는 물에 빠지지 않기 위해 다리를 넓게 벌리고 있는데, 그 모습이 마치 소금을 지게에 지는 사람의 모습과 닮았나 봐요. 그래서 녀석에게는 소금쟁이라는 이름이 붙었답니다.

몸집이 작은 애소금쟁이

물이 고여 있는 논이나 웅덩이 같은 곳에 가면 소금쟁이, 등빨간소금쟁이, 왕소금쟁이, 참소금쟁이, 애소금쟁이 등 다양한 소금쟁이를 만날 수 있어요. 그중에서도 다른 녀석들보다 몸집이 유난히 작은 소금쟁이가 있답니다. 바로 애소금쟁이예요. 보통 이름 앞에 '애' 자가 붙은 동물은 생

애소금쟁이

김새가 비슷한 다른 종에 비해 몸집이 작아요. 애소금쟁이는 몸집이 10밀리미터가량이고, 몸 색깔은 전체적으로 짙은 갈색을 띠고 있어요. 날개가 있긴 하지만 퇴화되어 잘 날지는 못해요. 녀석은 비행보다는 물 위에서 생활하는 데 적합하도록 진화해 왔어요.

어떻게 물 위에 뜰 수 있을까?

그럼 녀석은 어떻게 물 위를 자유자재로 다닐 수 있는 것일까요? 소금쟁이가 물 위에 뜰 수 있는 까닭은 바로 '표면장력'이라는 힘 때문이에요. 어떤 물체가 물 위에 뜨려면 중력과 표면장력이 평형을 이루어야 해요. 사람처럼 몸무게가 많이 나가는 경우에는 중력이 표면장력보다 커서 가라앉지요. 하지만 소금쟁이는 몸무게가 가벼워서 표면장력이 중력보다 커요. 이처럼 녀석은 표면장력을 활용하여 물 위를 마음껏 뛰어다닐 수 있답니다.

애소금쟁이

궁금해요 여기서 잠깐, 표면장력이란?

물과 같은 액체의 표면에는 표면적을 최소화하려는 힘이 작용하는데, 그 힘이 바로 표면장력이에요. 풀잎 위에 물방울이 동그랗게 모이는 것이 표면장력의 대표적인 예라고 할 수 있어요.

표면장력으로 모인 물방울

다리는 각각 어떤 역할을 할까?

애소금쟁이는 다리가 세 쌍인데 각각 그 역할이 달라요. 먼저 앞다리는 녀석의 몸이 한쪽으로 쏠리지 않도록 지탱해 주지요. 주로 뛰거나 착지할 때 몸을 안정적으로 유지하는 역할을 해요. 가운뎃다리는 물 위를 박차면서 높이 뛸 수 있게 해 줘요. 마치 노를 젓듯이 공중에서 다리를 돌리기 때문에 멀리 나아갈 수 있답니다. 뒷다리는 자동차 핸들처럼 방향을 이리저리 바꾸는 역할을 해요. 애소금쟁이의 다리에는 기름기가 있는 잔털이 가득 나 있어서 물에 빠지지 않고 잘 떠다닐 수 있답니다.

애소금쟁이의 사냥 방법

애소금쟁이는 어떻게 사냥을 할까요? 녀석은 작은 곤충이나 죽은 물고기를 먹는 육식성 곤충이에요. 주로 물 위를 떠다니면서 육상 곤충이 물에 떨어지면 그때 생긴 물결을 감지하여 사냥을 하죠. 또 물속에서 물 위로 올라오는 플랑크톤이나 수서곤충을 사냥하기도 해요. 사냥이 끝나면 바늘처럼

애소금쟁이

생긴 입을 먹이에 꽂아서 체액을 빨아 먹어요. 다른 나라에서 서식하는 소금쟁이 중에는 새를 잡아먹는 녀석도 있다고 해요.

독특한 짝짓기 전략을 가지고 있어요

동물의 세계에서 수컷은 암컷에게 잘 보이려고 많은 노력을 해요. 사냥한 먹이를 선물로 주기도 하고 몸을 화려하게 치장하기도 하죠. 그래야만 짝짓기를 하고 자기를 닮은 2세를 남길 수가 있거든요.

소금쟁이는 아주 독특한 방법으로 암컷과 짝짓기를 한답니다. 수컷은 마

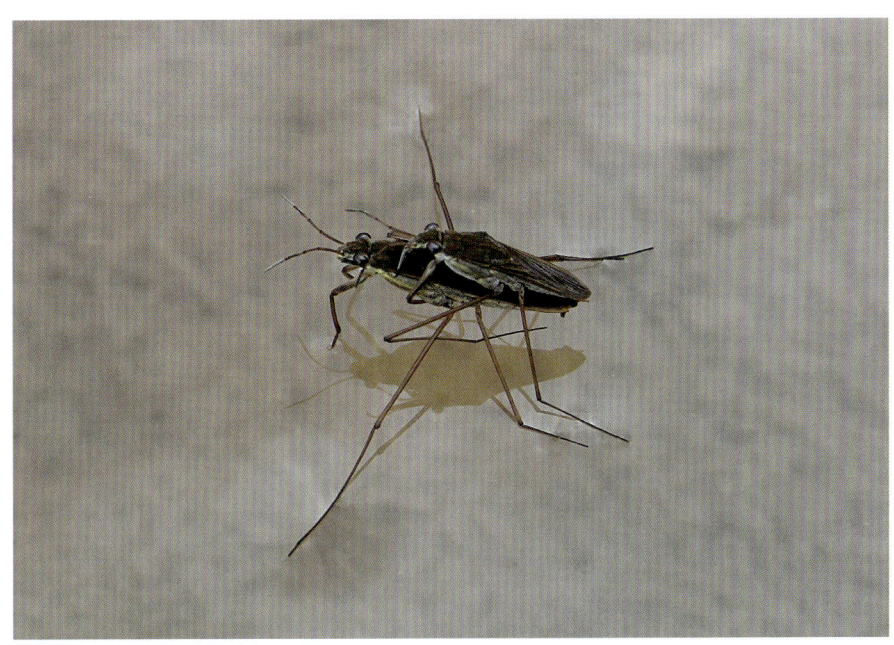
애소금쟁이의 짝짓기

음에 드는 암컷의 몸 위에 올라타서 물 위에 진동을 일으켜요. 일부러 위험한 상황을 만들어서 물속에 사는 포식자들에게 암컷의 위치를 알려주는 거예요. 그러다 천적에게 잡아먹히면 어떡하냐고요? 수컷은 천적이 나타나더라도 잡아먹힐 걱정이 없어요. 암컷의 등 위에 올라 타 있기 때문에 재빨리 도망을 치면 되거든요.

하지만 암컷은 그렇지 못해요. 포식자의 위협에 그대로 드러나 눈 깜짝할 사이에 잡아먹힐 수 있거든요. 암컷은 위험한 상황에서 한시라도 빨리 벗어나기 위해 마지못해 짝짓기를 허락하지요. 이러한 짝짓기 전략은 지금까지 소금쟁이에게서만 확인되는 독특한 전략이에요.

5
물속의 전갈, 장구애비

노린재목 장구애비과

왜 장구애비라고 부를까?

우리나라에도 전갈이 살고 있을까요? 사실 우리나라에서 전갈을 보는 것은 쉬운 일이 아니에요. 남한에서는 관찰된 경우가 없고, 북한 황해도 지역에서만 극동전갈이라고 불리는 녀석이 살고 있을 뿐이에요. 하지만 우리나라에서 사는 곤충 중 비록 전갈은 아니더라도 전갈과 비슷하게 생긴 녀석이 있답니다. 바로 물속의 전갈이라 불리는 장구애비예요. 한눈에 봐도 녀석은 전체적인 생김새가 전갈과 매우 닮았어요. 하지만 그 외에는 전갈과 아무런 관련이 없는 곤충이랍니다.

그런데 녀석에게 왜 하필 장구애비라는 이름이 붙었을까요? 눈치가 빠른 친구는 이미 알고 있을 것 같군요. 녀석은 앞다리가 낫처럼 생겼는데, 앞다리로 물속을 덤벙거리는 모습이 마치 장구를 치는 모습과 닮았다고 해서 그런 이름을 갖게 되었답니다.

전갈

전갈을 닮은 장구애비

장구애비는 몸길이가 30~38밀리미터로 몸통이 아주 편평하고 납작한 편이에요. 보다시피 녀석은 겉모습이 전갈과 닮았는데, 특히 꽁무니에 달린 기다란 관은 전갈의 꼬리를 떠올리게 하죠. 하지만 생김새는 비슷할지 몰라도 그 쓰임새는 전혀 달라요. 전갈의 꼬리는 독성분이 들어 있는 공격용 무기이

장구애비 약충

장구애비의 숨관

지만 장구애비의 꼬리는 숨을 쉬는 데 필요한 호흡기관이거든요. 녀석은 물속에서 호흡을 할 수 없기 때문에 숨관을 물 밖에 내놓고 산소를 공급받아야만 살 수 있답니다. 또 녀석은 다리가 세 쌍인데 각각 그 역할이 달라요. 낫처럼 생긴 앞다리는 주로 사냥을 하는 데 사용하지만 가운뎃다리와 뒷다리는 물속을 헤엄쳐 다닐 때 사용해요.

수중 생태계의 제왕

장구애비의 앞다리

장구애비는 사냥 솜씨가 아주 뛰어난 수중 생태계의 제왕이에요. 저수지나 연못, 논 등과 같이 물살이 느린 곳에서 살면서 몸집이 작은 수서곤충은 물론, 올챙이와 물고기까지 사냥을 해요. 장구애비의 사냥 방법은 주로 매복이에요. 녀석은 물속의 낙엽 등에 숨어 있다가 사냥감이 나타나면 낫처럼 생긴 앞다리로 재빨리 낚아챈답니다. 먹이를 잡으면 뾰족한 주둥이를 꽂아서 체액을 빨아 먹지요.

장구애비는 어떻게 성장할까?

장구애비는 물속에서 일 년 내내 볼 수 있지만 주로 4~11월에 활동하지요. 날씨가 추워지는 겨울이면 녀석은 땅 위로 올라와 낙엽 밑에서 월동을 해요. 이듬해 봄이 되면 다시 장구애비가 왕성하게 활동하고 5월 무렵에는 장구애비 부부가 짝짓기 하는 모습을 관찰할 수 있어요.

짝짓기가 끝나면 암컷은 물가 주변의 흙이나 이끼류 속에 바나나 모양처럼 생긴 알 덩이를 낳는답니다. 알은 맨 처음에는 투명한 색을 띠다가 시간이 지나면서 붉은색으로 변해요. 알에서 깬 애벌레는 다섯 번의 탈피 과정을 거친 뒤 장구애비 성충이 되지요.

장구애비의 서식지

시베르스하늘소붙이

붉은산꽃하늘소

작은주홍부전나비

꿀벌

노랑애기나방

4

왜 꽃에 모일까?

1
큰 알통 다리가 매력적인 시베르스하늘소붙이

● 딱정벌레목 하늘소붙이과 ●

하늘소붙이가 뭘까?

곤충 중에는 '하늘소붙이'라는 이름을 가진 녀석들이 있어요. 하늘소는 많이 들어 봐서 익숙하지만 하늘소붙이는 좀 낯설 거예요. 이 이름 뜻을 알려면 먼저 '붙이'의 뜻을 이해해야 해요. 붙이는 '어떤 물건에 딸린 같은 종류'를 뜻하는 말인데, 보통 살붙이, 피붙이처럼 가까운 관계를 나타낼 때 사용해요. 하늘소붙이는 하늘소와 닮은 점이 많아 서로 가까운 관계라는 뜻에서 붙인 이름이에요. 실제로 하늘소붙이과에 속한 곤충은 생김새가 하늘소와 많이 닮았어요.

하지만 하늘소라고 하기에는 무언가 부족한 점도 많아요. 정확하게 하늘소와 하늘소붙이를 나누는 기준은 없지만 하늘소붙이과의 곤충은 하늘소보다 몸집이 더 작고 몸도 덜 단단한 편이에요. 참고로 우리나라에는 하늘소붙이가 25종이 있는 것으로 알려져 있답니다.

이름이 세 개나 되는 시베르스하늘소붙이

이 녀석처럼 여러 이름을 가진 곤충도 드물 거예요. 큰알통다리하늘소붙이, 붉은가슴알통다리하늘소붙이, 시베르스하늘소붙이라고, 이름이 세 개이거든요. 작은 곤충의 이름이 세 개나 되다 보니 사람들 사이에서도 혼란이 많았어요.

그러다가 최근에는 시베르스하늘소붙이라는 이름으로 확정되었지요. 앞으로 녀석을 보면 시베르스하늘소붙이라고 불러 주세요. 하지만 녀석의 상징과도 같은 알통 다리가 이름에서 사라져서 아쉽긴 해요.

울끈불끈 알통 다리

시베르스하늘소붙이는 몸길이가 4.8~7.6밀리미터로 몸집이 작아요. 몸 색깔은 전체적으로 회색빛을 띤 푸른색인데 햇빛이 비치면 몸에서 반짝반짝 빛이 나요. 녀석의 몸에는 다른 곤충들에게는 볼 수 없는 아주 인상적인 부분이 있어요. 바로 녀석을 대표하는 알통 다리예요. 뒷다리 넓적다리마디에 울끈불끈 솟은 알통을 한번 보세요. 절대 잊히지 않을 만큼 신기하게 생겼죠?

하지만 모든 녀석이 알통 다리를 가진 것은 아니에요. 다리에 알통이 있는 녀석은 수컷 시베르스하늘소붙이예요. 수컷은 크고 우람한 알통 다리를 암컷에게 마음껏 뽐낸답니다. 마치 남자들이 근육으로 다져진 몸을 자랑하는 것처럼요.

시베르스하늘소붙이 수컷

꽃을 매우 좋아해요

시베르스하늘소붙이는 주로 4~6월에 관찰할 수 있어요. 녀석들은 꽃을 아주 좋아해 봄이 되면 꽃에 머리를 처박고 먹이 활동을 하는 모습을 볼 수 있어요. 하지만 몸이 아주 작아서 자세히 들여다보지 않으면 꽃술로 착각하고 그냥 지나칠 수 있답니다. 녀석을 관찰하려면 한참 동안 꽃을 집중해서 들여다봐야 해요. 특히 양지꽃을 좋아해서 양지꽃을 찾아

시베르스하늘소붙이 수컷

시베르스하늘소붙이 암컷

시베르스하늘소붙이

보면 하루 종일 꽃 사이를 왔다 갔다 하며 열심히 꽃가루를 파먹는 녀석을 볼 수 있을 거예요.

하나더 이런 하늘소붙이도 있어요

밑검은하늘소붙이는 시베르스하늘소붙이와 생김새가 전체적으로 닮았어요. 하지만 가슴 색깔에 차이가 있어 두 녀석을 쉽게 구별할 수 있죠. 시베르스하늘소붙이는 가슴 색깔이 붉은색을 띠고 있지만 녀석은 검은색을 띠고 있거든요. 가슴 색깔을 제외하면 생김새는 물론, 꽃을 좋아하는 습성까지도 시베르스하늘소붙이와 비슷한 점이 많은 녀석이랍니다.

밑검은하늘소붙이

2
향기로운 꽃을 찾아다니는 붉은산꽃하늘소

딱정벌레목 하늘소과

🌿 어디서나 쉽게 볼 수 있는 붉은산꽃하늘소

우리나라에는 하늘소가 약 302종 살고 있어요. 이 중 많은 수의 하늘소는 우리 주변에서 멀리 떨어진 깊은 숲속에서 살기 때문에 관찰하기가 매우 어려워요. 하지만 '꽃하늘소'라는 이름을 가진 녀석은 가까운 야산에서도 쉽게 발견할 수 있어 관찰하기가 편리해요.

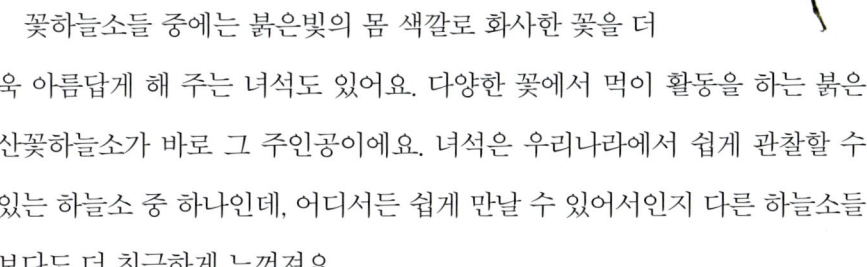

꽃하늘소

꽃하늘소들 중에는 붉은빛의 몸 색깔로 화사한 꽃을 더욱 아름답게 해 주는 녀석도 있어요. 다양한 꽃에서 먹이 활동을 하는 붉은산꽃하늘소가 바로 그 주인공이에요. 녀석은 우리나라에서 쉽게 관찰할 수 있는 하늘소 중 하나인데, 어디서든 쉽게 만날 수 있어서인지 다른 하늘소들보다도 더 친근하게 느껴져요.

🌿 붉은산꽃하늘소는 어떻게 생겼을까?

붉은산꽃하늘소는 몸길이가 12~22밀리미터예요. 몸 색깔은 전체적으로 붉은색을 띠고 있고, 온몸에 노란색을 띤 털들이 촘촘히 나 있어요. 하지만 털이 매우 작아서 자세히 관찰하지 않으면 붉은색을 띤 몸통으로밖에 보이지 않을 거예요.

붉은산꽃하늘소와 비슷하게 생긴 곤충으로는 옆검은산꽃하늘소가 있어요. 얼핏 보면 두 녀석이 같은 종이 아닌가 생각할 정도로 많이 닮았지요. 하

붉은산꽃하늘소

옆검은산꽃하늘소

지만 옆검은산꽃하늘소는 몸길이가 8~14밀리미터로 붉은산꽃하늘소보다 몸집이 작아요. 딱지날개의 색깔도 누런빛을 띤 갈색이라 붉은색을 띤 붉은산꽃하늘소와는 차이가 있답니다.

식물이 열매를 맺는 데 도움을 줘요

하늘소는 주로 나무줄기나 잎을 갉아 먹고 살아가기 때문에 해충으로 여기는 경우가 많아요. 하지만 붉은산꽃하늘소는 식물이 열매를 맺을 수 있게 도움을 줘 우리에게 이로운 곤충이지요. 그럼 붉은산꽃하늘소가 어떻게 식물이 열매를 맺게 도움을 주는지 살펴볼까요?

녀석이 꽃가루를 먹으려고 이 꽃 저 꽃으로 날아다니다 보면 온몸에 수술에서 만든 꽃가루가 묻어 있죠. 하늘소가 꽃가루를 먹는 과정에서 암술과 수

꽃에서 먹이 활동을 하는 붉은산꽃하늘소

술이 만나 자연스럽게 수정이 일어나는 거예요. 물론 붉은산꽃하늘소가 의도적으로 꽃가루받이를 도와주는 것은 아니지요. 여러 맛있는 꽃가루를 먹으면서 다니다 보니 식물이 열매를 맺을 수 있게 도움을 준 거죠.

붉은산꽃하늘소는 어떻게 성장할까?

붉은산꽃하늘소는 6~9월에 관찰할 수 있어요. 야산은 물론, 시골길 주변의 나뭇잎이나 꽃에서 쉽게 만날 수 있죠. 주로 꽃에서 관찰되는 성충과는 달리 애벌레는 꽃이 아닌 죽은 소나무에서 관찰할 수 있어요. 그 까닭은 성

붉은산꽃하늘소의 짝짓기

충과 애벌레에게 필요한 먹이가 다르기 때문이에요.

성충은 꽃가루를 주로 먹지만 애벌레는 죽은 소나무를 파먹으며 살아가요. 그래서 짝짓기를 끝낸 붉은산꽃하늘소 암컷은 알에서 깬 애벌레가 먹이를 배불리 먹고 성장할 수 있게 죽은 소나무에 알을 낳아요. 바람에 쓰러졌거나 생명을 다한 소나무가 녀석들에게는 훌륭한 보금자리가 되는 셈이지요. 한편, 붉은산꽃하늘소 애벌레는 죽은 소나무를 분해하여 다시 자연의 품으로 돌려 보내는 셈이고요.

하나더 국화를 좋아하는 국화하늘소

하늘소 중에는 국화하늘소라는 녀석도 있어요. 다양한 꽃을 좋아하는 붉은산꽃하늘소와는 달리 국화하늘소는 국화과 식물을 특히 좋아해요. 몸길이는 6~9밀리미터로 붉은산꽃하늘소보다 작고, 몸 색깔은 검은색을 띠고 있어요. 국화꽃을 보게 되면 녀석이 있는지 한번 살펴보세요.

국화하늘소

3
작지만 생명력이 강한 작은주홍부전나비

나비목 부전나비과

왜 부전나비라고 부를까?

혹시 '부전나비'라고 들어 본 적이 있나요? 아마 자주 들어 보지는 못했을 거예요. 하지만 여러분이 만났던 나비 대부분이 부전나비였을 확률이 높아요. 전체 나비 중에서 부전나비가 가장 많은 수를 차지하고 있거든요.

이름에서 '부전'이란 무슨 뜻일까요? 부전은 사진 액자를 걸 때 아래에 끼우는 삼각형 모양의 장식물을 뜻해요. 대부분의 부전은 화려한 색깔을 띤 장식물이라서 알록달록 색이 곱고 예쁘게 생긴 작은 나비들을 부전나비라고 불렀답니다. 자, 정말 부전처럼 색이 곱고 예쁜지 생김새를 살펴볼까요?

날개가 아름다운 작은주홍부전나비

작은주홍부전나비는 날개를 편 길이가 25~35밀리미터예요. 몸집은 작지만 몸 색깔이 워낙 화려해서 풀숲이나 꽃밭에서도 쉽게 눈에 띄죠. 녀석은 날개 무늬가 매우 곱고 화려한데, 특히 날개를 접었을 때보다 활짝 펼친 모습이 훨씬 더 매력적이에요. 똑같은 종이라도 날개 색은 개체에 따라 변이가 심한 편이에요. 이는 개체별로 성장하는 서식 환경의 조건이 조금씩 다르기 때문이지요. 녀석은 화려한 날개 외에도 하얀 줄무늬가 새겨진 더듬이도 아주 인상적이랍니다.

작은주홍부전나비

생명력이 매우 강해요

작은주홍나비는 우리나라 전역에서 볼 수 있는 가장 흔한 나비예요. 숲속은 물론, 농경지 주변, 심지어 도심지에서도 쉽게 볼 수 있죠. 그만큼 작은주홍부전나비가 개체 수도 많고 생명력도 강한 나비라는 것을 뜻해요. 하지만 부전나비과에 속한 모든 나비가 생명력이 강한 것은 아니에요. 영국에서는 1979년에 점박이푸른부전나비가 멸종된 적이 있어요. 또 우리나라에서는 쌍고리부전나비가 멸종 위기에 처해 있지요. 멸종 위기에 처한 녀석들에 비해 왕성한 활동을 자랑하는 작은주홍부전나비는 무척 생존력이 강한 편이에요.

작은주홍부전나비

봄형과 여름형의 생김새가 달라요

작은주홍부전나비는 알, 애벌레, 번데기 과정을 거쳐 성충이 되는 완전변태를 하고, 4~10월까지 관찰할 수 있어요. 녀석은 주로 엉겅퀴나 개망초, 쑥부쟁이 등의 꽃에서 꿀을 빨아 먹고 살아간답니다. 또한 녀석은 1년에 몇 번 발생하는데 크게 봄형과 여름형으로 나뉘어요. 보통 봄형은 4월쯤에 발생하고, 여름형은 6월부터 나타나기 시작하죠. 여름형은 봄형보다 몸집이 약간 작고, 색깔이 어두워요.

작은주홍부전나비의 짝짓기

하나더 암먹부전나비도 있어요

작은주홍부전나비는 날개가 무척 화려하죠? 그런데 같은 부전나비과에 속한 나비 중에 날개 색깔이 우중충한 녀석도 있어요. 대표적인 녀석이 바로 암먹부전나비예요. 특히 암컷 암먹부전나비는 날개 윗면이 검은빛을 띤 갈색이라서 마치 화선지에 먹물을 뿌린 것처럼 보인답니다.

암먹부전나비 암컷

4
부지런한 일꾼 꿀벌

벌목 꿀벌과

꿀벌도 가축일까?

꿀벌은 꽃에서 꿀을 채취하고 저장하는 벌을 말해요. 사람들이 꿀을 얻기 위해 벌을 기르는 것을 '양봉'이라 하는데, 이때 꿀을 제공해 주는 벌들이 바로 꿀벌이죠. 녀석들은 경제적인 가치가 있기 때문에 축산법에 '가축'으로 올라 있는 유일한 절지동물이에요.

양봉

꿀벌의 역할은 꿀을 생산하는 데에 그치지 않아요. 녀석의 진짜 역할은 식물이 번식할 수 있게 도와주는 것이죠. 실제로 우리가 먹는 수많은 과일 열매는 녀석이 꽃가루받이를 해 주었기 때문에 먹을 수 있는 거예요. 여러모로 꿀벌은 우리의 삶을 이롭게 도와주는 착한 녀석이랍니다.

궁금해요 절지동물이란?

절지동물은 몸에 딱딱한 외골격이 있고, 몸과 다리에 마디가 있으며, 등뼈가 없는 무척추동물을 말해요. 동물 중에서 가장 많은 종을 차지하는 무리이며 거미류, 곤충류, 갑각류, 다지류가 있지요.

황산적늑대거미(거미류)

가재(갑각류)

지네(다지류)

계급에 따라 몸집의 크기가 달라요

꿀벌은 집단생활을 하며, 크게 여왕벌과 수벌, 일벌로 이루어져 있어요. 같은 꿀벌이라도 몸집의 크기와 생김새가 다를 뿐 아니라 하는 일도 달라요. 먼저 꿀벌 중에서 몸집이 가장 큰 여왕벌은 몸길이가 15~20밀리미터로 평생 동안 알을 낳으며 종족을 번식시키는 역할을 해요. 모든 꿀벌의 엄마가 되는 셈이죠.

수벌은 몸길이가 15~17밀리미터로 여왕벌보다 몸집이 작아요. 수벌은 여왕벌과 짝짓기를 할 수 있는 자격이 있어요. 하지만 모든 수벌이 여왕벌과 짝짓기를 할 수 있는 것은 아니에요. 수벌 중에서 오로지 한 마리만 여왕벌과 짝짓기를 할 수 있어요. 또 안타깝게도 짝짓기가 끝나면 수벌은 죽지요.

마지막으로 일벌은 몸길이가 12~14밀리미터로 꿀벌 무리 중에서 가장 몸집이 작아요. 녀석은 꿀을 모으거나 집을 청소하고 또 애벌레를 기르는 등 성실한 일꾼 역할을 한답니다.

꿀벌은 어떻게 식물의 수분을 도울까?

꿀벌은 어떻게 식물의 수분을 돕는 걸까요? 그 비밀은 꿀벌의 생김새에서 찾을 수 있어요. 녀석의 몸에는 털이 굉장히 많이 나 있는데, 열심히 꿀을 채취하다 보면 털투성이 몸에 꽃가루가 묻게 돼요. 이렇게 녀석의 털에 묻은 꽃가루가 암술머리에 묻어 수정이 된답니다. 녀석의 몸에 털이 많은 것은 식물의 수분을 돕는 쪽으로 몸이 진화해 왔기 때문이에요.

여왕벌

수벌

일벌

식물이 번식하려면 꿀벌과 같은 곤충들의 역할이 매우 중요해요. 하지만 요즘에는 환경 파괴와 기후변화 때문에 점점 자취를 감추는 곤충들이 많아지고 있어요. 그래서 사람이 손으로 하는 꽃가루받이가 늘어나고 있답니다.

꿀벌 침의 비밀

꿀벌의 침은 평소에는 배 안에 감추어져 있어요. 그러다 위협을 느끼면 꽁무니가 벌어지면서 침이 밖으로 튀어나와요. 발톱으로 몸을 단단하게 밀착시킨 뒤 배를 수축했다가 팽창시키면 마침내 침이 발사된답니다. 벌침의 끝부분은 주사 바늘처럼 날카로워 피부와 닿는 면적을 최소화할 수 있어요. 게다가 길이도 0.01밀리미터라 피부에 관통하는 것을 전혀 느끼지 못하죠.

벌침에 쏘여 통증을 느꼈는데, 무슨 말이냐고요? 사실 통증을 느끼는 것은 벌침이 피부에 관통할 때가 아니라 독이 흘러 들어갈 때예요. 독이 들어가지 않으면 우리는 벌침에 쏘인 것도 몰라요. 그만큼 벌침은 인간이 만든 주사 바늘과 비교할 수 없을 정도로 매우 정교하게 만들어졌어요.

꿀벌 침

꿀벌이 바라보는 세상

꿀벌은 겹눈이 한 쌍, 홑눈이 세 개예요. 겹눈은 먼 거리를, 홑눈은 가까운 거리를 볼 때 쓰이죠. 그럼 꿀벌이 보는 세상은 어떨까요? 녀석도 우리처럼 여러 색깔을 구별할 수 있을까요? 여러 색깔은 아니지만 꿀벌도 색깔을 구별할 수 있답니다. 녀석은 파랑, 노랑, 주홍, 보라색 등의 색깔을 구별할 수 있어요. 하지만 안타깝게도 빨간색은 구별하지 못해요. 그래서 빨간 꽃에는 꿀벌이 잘 모이지 않죠. 꿀벌은 노랑, 주홍, 보라색 등 가시광선 영역 이외에도 자외선을 볼 수 있어요. 그래서 대부분의 꽃은 꿀샘이 있는 부분에 자외선을 흡수하여 꿀벌이 찾아올 수 있도록 친절하게 안내해 준답니다.

꿀벌의 눈

하나더 여기서 잠깐, 갈고리벌도 있어요

빨간색을 띤 가슴이 돋보이는 이 녀석은 갈고리벌이에요. 암컷의 산란관이 갈고리처럼 생겨서 붙인 이름이지요. 꿀벌보다 몸 색깔이 화려해서 멀리서도 쉽게 눈에 띈답니다.

갈고리벌

5
전혀 나방처럼 안 보이는 노랑애기나방

• 나비목 애기나방과

🌿 나비를 닮았어요

여러분은 나방 하면 어떤 생각이 드나요? 불빛에 모이는 귀찮은 곤충쯤으로 생각하고 있지는 않은가요? 나방이 주로 밤에 활동하다 보니 칙칙하고 못생긴 곤충으로 여기는 친구들이 많아요. 하지만 모든 나방이 못생기고 칙칙한 것은 아니에요.

나방 중에는 색깔이나 생김새가 밝고 예쁜 녀석들도 있어요. 대표적인 녀석이 바로 노랑애기나방이에요. 녀석은 몸 색깔이 화사한 노란색을 띤 데다가 주로 낮에 활동해서 나방보다는 나비로 여기기도 해요. 하지만 녀석은 엄연한 나방이랍니다. 나방만의 여러 특징을 가지고 있거든요. 반대로 나방처럼 생긴 나비들도 있어요. 나비를 닮은 나방, 나방을 닮은 나비! 곤충의 세계는 참 신기하고 재미있죠?

🌿 나방이라는 증거

나비와 나방을 구별하는 가장 대표적인 기준은 바로 더듬이의 모양이에요. 나비는 보통 더듬이 끝이 곤봉 모양처럼 뭉툭하게 생겼지만 나방은 톱니나 실, 깃털 등 더듬이 모양이 다양해요. 또한 몸통의 생김새에도 차이가 있어요. 나방은 몸통이 통통하고 두꺼운 편이지만 나비는 나방보다 몸통이 가는 편이거든요.

노랑애기나방

노랑애기나방

줄점팔랑나비

그럼 노랑애기나방이 나방이라는 증거를 한번 찾아볼까요? 먼저 녀석의 몸통을 살펴보세요. 나비와는 달리 몸통이 통통하게 생겼죠? 또 더듬이 끝이 뭉툭하지 않고 일자로 쭉 뻗어 있어요. 녀석이 나비가 아니라는 증거는 한 가지 또 있어요.

바로 비행을 하지 않을 때 날개를 활짝 펴고 앉아서 쉰다는 점이에요. 대부분 나비는 날개를 접고 쉬지만 나방은 날개를 펼치고 쉬거든요. 밝은 낮에 꽃 주변을 날아다녀서 나비처럼 보이지만 이제 녀석이 나방인 이유를 확실히 알 수 있겠죠?

노랑애기나방은 어떻게 생겼을까?

노랑애기나방은 생김새와 이름이 아주 잘 어울리는 나방이에요. 몸 색깔이 전체적으로 노란색을 띠고 있어서 아기처럼 깨끗하고 순수한 느낌을 주거든요. 하지만 머리 부위를 자세히 살펴보면 아기를 닮았다는 생각이 사라

노랑애기나방

져 버려요. 녀석의 머리에 까만 털이 수염처럼 복슬복슬 나 있거든요. 생김새가 아기와 아저씨를 오가는 재미있는 녀석이죠?

　노랑애기나방은 노란색을 띤 몸통뿐만 아니라 날개에 새겨진 무늬도 꽤 인상적이에요. 특히 검은색을 띤 날개에는 투명한 무늬가 여섯 개 새겨져 있는데 마치 구멍이 뚫린 것처럼 모양이 독특해요.

　이렇게 녀석의 독특한 날개 무늬를 결정짓는 것은 온몸에 묻어 있는 미세한 비늘가루예요. 이 비늘가루를 흔히 '인편'이라고 하는데, 나비나 나방이 보여 주는 다양한 무늬의 비밀이 바로 이 비늘가루에 숨어 있답니다.

나방이지만 주로 낮에 활동해요

노랑애기나방을 나비로 오해하는 가장 큰 이유는 무엇일까요? 바로 하루 종일 꽃 주변에서 활발하게 날아다니기 때문일 거예요. 꽃에 앉아 꿀을 빨아 먹는 모습을 보면 정말 나비 같아요. 녀석은 개망초, 쉬땅나무 등 꽃이라면 가리지 않고 열심히 찾아다닌답니다. 이 꽃 저 꽃을 옮겨 다니며 꽃가루받이를 해 주니 식물에게는 더할 나위 없이 소중한 친구겠죠?

> **하나 더** 이런 나방도 있어요, 날개뾰족명나방
>
> 노랑애기나방과는 전혀 다른 느낌을 주는 이 녀석은 날개뾰족명나방이에요. 녀석은 가만히 앉아서 쉴 때 날개를 활짝 펼치고 있어요. 그 모습이 마치 망토를 펼친 것처럼 멋져 보여요. 하지만 정면에서 보면 다리 모양이 게처럼 보이기도 해요.

날개뾰족명나방

노랑애기나방

오이잎벌레

인도볼록진딧물

큰남색잎벌레붙이

주홍긴날개멸구

남색초원하늘소

5

왜 식물을 괴롭힐까?

1
잎에 둥근 상처를 내는 오이잎벌레

딱정벌레목 잎벌레과

🌿 오이를 괴롭히는 오이잎벌레

곤충 중에는 식물을 괴롭히는 녀석들이 많아요. 보통 식물의 잎을 갉아 먹거나 즙을 빨아 먹는 녀석들이죠. 그중에서도 유난히 오이를 괴롭히는 녀석이 있답니다. 바로 오이 잎에서 흔하게 볼 수 있는 오이잎벌레예요. 녀석은 오이 잎뿐만 아니라 호박이나 참외와 같은 박과 식물의 잎을 주로 먹으며 살아요. 오이잎벌레가 파먹은 식물들은 잎이 바짝 말라 제대로 자라지 못한답니다.

🌿 온통 주홍색을 띤 오이잎벌레

오이잎벌레는 몸길이가 5.6~8밀리미터로 몸집은 작지만 배가 통통해서 배불뚝이 처럼 생겼어요. 몸 색깔은 전체적으로 주홍색이나 노란색을 띠고 있는데 아랫면은 검은색을 띠고 있답니다. 또한 갈색을 띤 더듬이는 끝으로 갈수록 검은색을 띠고 있어요. 녀석은 이 더듬이를 쉴 새 없이 이리저리 움직이면서 주변의 상황을 예리하게 살피죠.

오이잎벌레와 생김새가 거의 비슷한 녀석도 있어요. 바로 검정오이잎벌레라는 녀석인데 오이잎벌레와 다른 점은 날개 색깔이 검다는 사실이에요. 이 점만 빼면 둘은 거의 생김새가 비슷하답니다.

검정오이잎벌레   오이잎벌레

주변의 움직임에 매우 민감해요

오이잎벌레는 굉장히 성격이 예민해요. 주변에서 아주 작은 움직임만 느껴져도 다른 곳으로 휙 날아가 버리거든요. 그래서 오이잎벌레를 관찰하려면 숨죽인 채 아주 조심스럽게 접근해야만 해요. 녀석이 이렇게 주변 환경에 예민한 것은 힘이 없고 약하기 때문이에요. 천적에게 잡아먹히지 않으려면 그만큼 주변의 움직임에 시시각각 촉각을 곤두세워야 하죠. 조금이라도 긴장의 끈을 놓게 되면 죽음을 맞이하고 말 테니까요.

둥근 고리 모양의 상처를 내요

오이잎벌레가 지나간 잎에는 둥근 고리 모양으로 구멍이 뚫려 있어요. 녀석이 잎을 야금야금 갉아 먹었기 때문이지요. 녀석은 마치 펀치로 구멍을 뚫은 것처럼 정교하게 잎을 잘라 먹어요. 어떤 구멍은 예술 작품을 만들어 놓은 것처럼 모양이 신기하기도 해요. 오이잎벌레의 이러한 먹이 활동은 식물의 성장에 큰 방해가 돼요. 하지만 녀석도 다 먹고 살아가기 위한 행동이니까 해충이라고 너무 미워하지는 마세요.

잎을 갉아 먹는 오이잎벌레

오이잎벌레

🌿 오이잎벌레는 어떻게 살아갈까?

오이잎벌레는 성충의 상태로 낙엽이나 건조한 땅속에서 겨울을 보내요. 무사히 겨울을 보낸 녀석들은 이듬해 4~5월에 활동하기 시작하죠. 5~6월이면 짝짓기를 활발히 하는 모습을 관찰할 수 있어요. 짝짓기를 끝낸 암컷 오이잎벌레는 깊이 10~20센티미터인 땅속에 알을 50~60개 낳는데, 알에서 깬 유충은 땅속 식물의 뿌리를 갉아 먹으며 성장해요. 한 달가량의 애벌레 시기와 10일 정도의 번데기 시기를 거치면 성충이 된답니다.

궁금해요 잎벌레들은 무당벌레와 어떻게 다를까?

잎벌레들은 무당벌레와 생김새가 닮았어요. 하지만 자세히 들여다보면 다른 점이 있어요. 먼저 몸통의 모양이 달라요. 무당벌레는 원형이지만 잎벌레들은 타원형이죠. 또 더듬이와 다리의 길이도 조금 차이가 나요. 잎벌레들은 더듬이와 다리가 길지만 무당벌레는 잎벌레들보다 더 짧은 편이에요.

주홍곱추잎벌레

무당벌레

2
원추리가 가장 싫어하는 인도볼록진딧물

각시원추리

매미목 진딧물과

대표적인 해충 진딧물

진딧물은 보통 몸길이가 2~4밀리미터밖에 되지 않는 매우 작은 곤충이지만 농작물에 피해를 주는 대표적인 해충이죠. 몸집은 작지만 집단으로 번식하여 식물의 즙액을 빨아 먹어요. 녀석들이 한꺼번에 모여들면 식물이 죽는 것은 순식간이에요. 그래서 농부들은 농작물에 진딧물이 눈에 띄면 바로 농약을 쳐서 없앨 만큼 진딧물을 끔찍이도 싫어하죠. 그만큼 농부와 진딧물은 오랜 시간 이어져 온 앙숙 관계라고 할 수 있어요.

인도볼록진딧물은 어떻게 생겼을까?

진딧물 중에서도 현란한 주황색의 빛깔로 눈에 띄는 녀석이 있어요. 원추리나 나리, 고추나무 등의 식물에 피해를 주는 인도볼록진딧물이 바로 그 주인공이지요. 녀석은 몸 색깔이 전체적으로 주황색인 데 비해 다리와 더듬이, 뿔관은 검은색이에요.

원추리의 잎에서 집단으로 모여 있는 녀석들을 자세히 들여다보면 날개가 달린 개체와 그렇지 않은 개체가 있는 것을 알 수 있어요. 날개가 달린 녀석은 유시충, 날개가 없는 녀석은 무시충이라고 해요.
보통 기주 식물(주로 초식성 곤충이나 그 애벌레의 먹이가 되는 식물)에 진딧물이 너무 많이 밀집되어 있으면 날개가 있는 유시충이 생겨나서 다른 식물로 이동하죠.

인도볼록진딧물

인도볼록진딧물 유시충

인도볼록진딧물 무시충

똑같은 종이지만 어떤 녀석은 날개가 있고, 또 어떤 녀석은 날개가 없다니, 참 신기한 진딧물의 세계이지요?

진딧물과 진드기는 어떻게 다를까?

진딧물과 진드기를 헷갈리거나 심지어 같은 종으로 생각하는 친구들이 많아요. 하지만 진딧물과 진드기는 전혀 다르답니다. 곤충류에 속하는 진딧물은 다리가 세 쌍이지만, 거미류에 속하는 진드기는 거미처럼 다리가 네 쌍이거든요. 또한 진드기는 사람이나 가축에 기생하면서 피해를 주지만, 진딧물은 보통 식물에 기생하면서 피해를 준답니다.

개미는 왜 진딧물과 공생할까?

진딧물은 대롱처럼 생긴 입으로 식물의 잎이나 줄기에 구멍을 파서 즙액을 먹고 살아간답니다. 녀석은 즙액을 먹고 난 뒤에 배설을 하는데, 충분히 다 소화시키지 못한 배설물 속에는 당분이 많이 남아 있어요. 이 당분을 '감로'라고 해요. 감로는 진딧물에게 하찮은 배설물이지만 개미에게는 영양가가 높은 물질이에요.

개미는 진딧물의 똥구멍을 자극하여 감로를 받아먹는 대신 무당벌레와 같은 천적에게서 진딧물을 보호해요. 서로 도움을 주고받으며 살아가는 공생 관계에 있는 곤충들이죠.

털왕개미와 진딧물의 공생

궁금해요 **여기서 잠깐, 공생이란?**

공생은 서로 다른 두 종이 영향을 주고받는 관계를 말해요. 이익을 얻는 방식에 따라 크게 상리공생, 편리공생, 편해공생, 기생으로 나눌 수 있답니다.

- **상리공생** 일반적으로 우리가 알고 있는 공생의 의미로, 두 종이 모두 이익을 얻는 관계
- **편리공생** 한 종에게는 이익이 되지만 다른 한 종은 아무런 영향을 받지 않는 관계
- **편해공생** 한 종에게는 피해가 되지만 다른 한 종은 아무런 영향을 받지 않는 관계
- **기생** 한 종에게는 이익이 되지만 다른 한 종에게는 피해가 되는 관계

진딧물 한 마리가 수천 마리가 돼요

진딧물은 번식력이 아주 강해요. 녀석은 무성생식을 하기 때문에 암컷 혼자서도 빠르게 번식을 할 수 있죠. 더욱 신기한 것은 진딧물은 여느 곤충과는 달리 알을 낳지 않고 바로 새끼를 낳는다는 점이에요. 녀석들은 어미 배 속에서 알을 깨고 바로 나오기 때문에 마치 알을 낳지 않고 새끼를 낳는 것처럼 보여요.

궁금해요 **무성생식이란?**

무성생식이란 암컷과 수컷이 짝짓기를 하지 않고 스스로 자신의 유전자와 똑같은 개체를 만드는 번식 방법을 말해요. 주로 단세포생물에게서 나타나는 번식 방법이죠. 짝이 없어도 번식을 할 수 있기 때문에 빠르게 번식할 수 있다는 장점이 있지만 유전적 다양성이 낮아서 환경 변화에 쉽게 멸종할 수 있다는 단점도 있어요.

3
성장 단계마다 극적으로 변하는 큰남색잎벌레붙이

● 딱정벌레목 잎벌레붙이과 ●

🌿 잎벌레붙이가 뭘까?

'잎벌레붙이'란 잎벌레와 비슷하게 생긴 곤충들을 가리켜요. 하지만 자세히 관찰해 보면 잎벌레붙이는 잎벌레와 다른 점이 많아요. 먼저 녀석들은 잎벌레보다 몸집이 조금 더 크고 긴 편이에요. 또 잎벌레와 달리 몸 표면에 털이 수북이 나 있어요.

잎벌레붙이과에 속한 곤충 중에는 애벌레 시기의 모습이 징그러워 우리에게 미움을 받는 녀석도 있어요. 바로 큰남색잎벌레붙이처럼 말이에요. 우리는 나무에 붙은 큰남색잎벌레붙이의 애벌레를 보면 깜짝 놀라거나 비명을 지르죠. 우리에게 큰 피해를 주지 않지만 단지 혐오감을 준다는 이유로 눈살을 찌푸리는 거지요.

🌿 큰남색잎벌레붙이는 딱지날개가 물렁물렁해요

큰남색잎벌레붙이는 몸길이가 15밀리미터가량으로 우리나라에서 보이는 잎벌레붙이과 중에서 큰 종에 속해요. 그래서 녀석의 이름 앞에도 '큰' 자가 붙어 있죠. 회색빛을 띤 흰색 잔털이 풍성하게 나 있는 몸은 전체적으로 검은빛을 내는 푸른색을 띠고 있어요. 하지만 맨 처음부터 푸른색을 띤 것은 아니에요. 번데기에서 갓 날개돋이했을 때는 노란색을 띠고 있거든요. 시간이 흐르면서 녀석의 몸 색깔은 검은색을 거쳐 푸른색으로 변하지요.

독특한 점은 딱정벌레목에 속한 여느 곤충들과는 달리 딱지날개가 물렁물렁하다는 점이에요. 곤충의 딱지날개는 일차적으로 몸을 보호하는 역할을

큰남색잎벌레붙이

하기 때문에 보통 단단한 편인데, 녀석의 딱지날개는 찰흙처럼 말랑말랑하죠. 아마 말랑말랑한 날개로도 충분히 천적의 위협에서 몸을 보호할 수 있다고 생각하나 봐요.

혐오스럽게 생긴 큰남색잎벌레붙이 애벌레

큰남색잎벌레붙이 애벌레는 무척 혐오스럽게 생겼어요. 구더기처럼 생긴 데다가 색깔도 거무스름해 여러 마리가 한꺼번에 나무에 붙어 있으면 아주 징그러워 보이죠. 녀석들은 번데기가 될 때까지 나무 속 움푹 파인 틈새에서 한데 모여서 살아요. 하지만 번데기 과정을 거쳐 성충으로 날개돋이하면 예전의 징그러운 모습은 온데간데없이 사라져요. 우리 주변에서 볼 수 있는 평범한 생김새의 곤충으로 탈바꿈하는 것이죠.

궁금해요 왜 혐오스러워할까?

왜 우리는 큰남색잎벌레붙이 애벌레를 혐오스러워할까요? 그 이유는 옹기종기 모

큰남색잎벌레붙이 애벌레

여 있는 모습이 마치 구더기가 들끓는 것처럼 보이기 때문이에요. 보통 구더기는 죽은 동물이나 썩은 물질에서 생기지요. 또 여러 질병을 옮기기도 하고요. 그래서 우리는 구더기와 닮은 녀석을 보면 본능적으로 피해요. 구더기를 만져서 질병이 생겼거나 목숨을 잃은 경험이 우리 몸속 DNA에 쌓여 있기 때문이겠죠.

큰남색잎벌레붙이는 어떻게 살아갈까?

큰남색잎벌레붙이는 주로 소나무나 느티나무, 벚나무, 참나무류 등 키가 큰 나무에서 관찰할 수 있어요. 녀석은 애벌레 상태로 겨울을 보내고, 이듬해 날씨가 따뜻해지는 5월쯤에 번데기를 거쳐 성충으로 탈바꿈해요. 갓 날개돋이한 성충은 자신이 나온 허물을 먹는 독특한 행동을 하는데, 이러한 행동을 하는 까닭은 부족한 영양분을 보충하기 위해서예요.

큰남색잎벌레붙이는 주로 나무의 잎을 갉아 먹으며 살아가기 때문에 해

큰남색잎벌레붙이

충으로 여기는 곤충이에요. 아직까지 큰 피해 사례는 보고되지 않았지만 자주 나무에 단체로 모여 있는 것으로 보아 큰 피해를 줄 가능성이 충분해 보이는 녀석이랍니다.

하나더 털보잎벌레붙이

잎벌레붙이과에 속한 곤충에는 털보잎벌레붙이도 있답니다. 녀석은 털보라는 이름처럼 온몸에 누런색의 긴 털이 가득 나 있어요. 주로 꽃이나 나뭇잎에서 살아가는데 암컷이 수컷보다 훨씬 몸집이 통통해요.

털보잎벌레붙이

4
긴 주둥이로 식물의 즙액을 빨아 먹는 주홍긴날개멸구

매미목 긴날개멸구과

멸구가 뭘까?

주홍긴날개멸구는 이름이 아주 독특해요. 이 독특한 이름의 유래를 알려면 중국의 고대 왕조인 오나라까지 거슬러 올라가야 해요. '멸구'라는 이름을 붙인 시기가 바로 오나라 때이거든요.

당시 오나라는 멸구가 걷잡을 수 없이 퍼져 벼농사에 큰 피해를 입게 되었어요. 당연히 식량이 부족해져 백성들이 굶어 죽었고, 결국 오나라는 멸망하고 말았죠. 이때 오나라를 멸망시킨 벌레라는 뜻에서 '멸오충'이라는 말이 생겨났어요. 시간이 흘러 멸오충은 점차 멸구라는 이름으로 바뀌었고요. 하찮은 곤충이 나라를 망하게 할 수도 있다니, 참 대단하죠?

외계인을 닮은 주홍긴날개멸구

이번에 소개할 주홍긴날개멸구는 수많은 식물 중에서도 유난히 칡을 괴롭히며 살아가는 독특한 곤충이죠. 하지만 무엇보다 특이한 것은 녀석의 생김새예요. 녀석은 꼭 SF 영화에 나오는 외계인처럼 모습이 괴상하거든요. 자, 주홍긴날개멸구의 생김새를 자세히 살펴볼까요?

녀석은 몸길이가 3.9밀리미터 가량으로 매우 작아요. 하지만 자기 몸길이의 다섯 배가 넘는 길고 큰 날개를 가지고 있죠. 날개 길이는 보통 9~10밀리미터인데 활짝 펼치면 20~22밀리미터까지 늘어나요. 게다가 온몸이 주황색을 띠고 있는데 유난히 겹눈만 하얀색을 띠고 있어요. 그 모습이 녀석의 독특한 생김새를 보여 주는 데 큰 몫을 하죠. 또한 녀석의 머리에는 새 부리처

주홍긴날개멸구

럼 생긴 긴 주둥이가 달려 있어서 식물의 즙액을 빨아 먹고 살아가는 데 편리하답니다.

해충일까?

벼멸구는 벼농사에 심각한 피해를 끼치는 해충으로 알려져 있어요. 하지만 주홍긴날개벼멸구는 주로 칡에 기생하며 살아가요. 그래서 이름은 비록 멸구이지만 농사에 심각한 피해를 주는 해충은 아니지요. 그렇지만 방심해서는 안 돼요. 점점 논가 주변에서 녀석의 모습이 자주 관찰되고 있거든요.

벼멸구

칡을 좋아하는 녀석이에요

주홍긴날개멸구는 6~9월에 주로 산림지대의 칡이 많은 곳에서 관찰할 수 있어요. 녀석은 주로 잎 뒷면에 숨어 있지요. 하지만 몸 색깔이 워낙 강렬해서 쉽게 들키고 말아요. 녀석은 보통 위협을 느끼면 날지 않고 주변의 다른 잎으로 뛰어서 도망을 쳐요. 위협이 계속해서 이어지면 다른 곳으로 날아서 이동하기도 하죠.

우리 눈에는 하찮은 움직임으로 보여도 녀석은 살기 위해 최선을 다하고 있는 거예요. 우리 주변에는 주홍긴날개멸구처럼 작은 생명이지만 생존을 위해 최선을 다해 살아가는 녀석들이 많이 있답니다.

칡

하나더 알처럼 생긴 홍도알멸구

생김새가 알을 닮은 멸구도 있어요. 바로 무당벌레처럼 생긴 홍도알멸구가 그 주인공이에요. 녀석은 다양한 식물의 성장에 피해를 끼치는 산림 해충으로 알려져 있는데 사람들이 가까이 접근하면 톡 튀어서 멀리 도망을 쳐요. 전라남도의 섬을 가리키는 '홍도'라는 이름이 붙었지만 홍도뿐만 아니라 내륙 지역에서도 쉽게 볼 수 있는 멸구예요.

홍도알멸구

5
털 뭉치 더듬이를 가진 남색초원하늘소

딱정벌레목 하늘소과

🌿 남색초원하늘소 이름의 비밀

봄이면 개망초나 엉겅퀴 같은 꽃에서 열심히 줄기를 갉아 먹고 있는 하늘소를 만날 수 있어요. 더듬이가 워낙 독특해서 멀리서도 쉽게 눈에 띄는 이 녀석이 바로 남색초원하늘소예요. '초원'이라는 이름에서도 알 수 있듯이 녀석은 풀이 많은 들판에서 주로 볼 수 있어요.

대부분 낮에 활동하는 데다 몸집도 제법 커서 우리 눈에 쉽게 띈답니다. 숲속에 들어가야만 관찰할 수 있는 여느 하늘소와는 달리 우리 주변에서 쉽게 관찰할 수 있는 귀여운 녀석이죠. 자, 남색초원하늘소가 가진 비밀에 대해서 한번 알아볼까요?

🌿 인상적인 털 뭉치 더듬이

남색초원하늘소는 몸길이가 11~35밀리미터로 몸매가 늘씬한 편이에요. 몸 색깔은 광택이 있는 짙은 푸른색을 띠고 있어 햇빛을 받으면 광을 낸 자동차처럼 반짝거린답니다.

녀석의 가장 큰 특징은 독특하게 생긴 더듬이라고 할 수 있어요. 이 신기

남색초원하늘소의 더듬이

남색초원하늘소

한 더듬이는 자기 몸길이보다 무려 1.5배나 길어요. 이렇게 긴 더듬이에는 솜처럼 생긴 검은색 털 뭉치가 달려 있는데, 그 모습이 꼭 식물의 꽃술을 보는 것 같아요.

왔다 갔다 하면서 피해 다녀요

남색초원하늘소는 긴 더듬이를 이리저리 움직이며 줄기 사이를 오르락내리락해요. 그러다 위협을 느끼면 몸을 슬금슬금 움직여 잎이나 줄기 뒷면으로 숨죠. 하지만 더듬이가 워낙 길어서 금방 들키고 말아요. 위협을 피해 몸

남색초원하늘소

을 숨기기는 했지만 긴 더듬이까지는 숨길 수가 없었나 봐요.

이처럼 녀석은 위험한 상황이 닥쳐도 비행을 하지 않고 주로 식물 줄기 사이를 왔다 갔다 하며 도망쳐요. 아마 털 뭉치 더듬이가 꽃술로 보여서 식물 사이에 숨어 있으면 천적들이 찾지 못할 거라고 생각하는가 봐요.

남색초원하늘소는 어떻게 살아갈까?

남색초원하늘소는 대부분 식물이 많은 풀숲에서 발견된답니다. 녀석은 주로 국화과 식물의 잎을 갉아 먹고 살아가죠. 5~6월에 국화과 식물에서 짝짓

남색초원하늘소의 짝짓기

기를 하고 있는 남색초원하늘소를 만날 수 있어요. 재미있는 점은 짝짓기를 할 때 숨어서 하지 않고 햇빛이 잘 비치는 풀밭에서 한다는 거예요. 천적의 눈에 띄어 곧장 잡아먹힐 수도 있을 텐데 말이죠. 무척 용감한 녀석들이죠?

짝짓기를 끝낸 암컷은 줄기에 매달려서 알을 낳아요. 배 꽁무니를 줄기에 꽂은 후 배를 넣었다 뺐다 반복하면서 줄기 속에 알을 낳아요. 그러고는 언제 그랬냐는 듯 다시 알을 낳은 구멍을 막는답니다. 천적이 와도 알이 있는 것을 눈치 채지 못하도록 말이에요. 알에서 깬 애벌레들은 줄기 속을 파먹으며 성장해요. 애벌레나 성충 할 것 없이 녀석들은 식물을 괴롭히는 곤충이에요.

하나더 삼나무에 피해를 주는 삼하늘소

삼나무에 피해를 주는 하늘소도 있어요. 바로 삼하늘소라는 녀석이죠. 녀석은 주로 대마가 자라는 산지에서 살았지만 지금은 대마 재배가 불가능해지면서 삼나무에서 관찰할 수 있게 됐어요. 몸통에 흰색 띠무늬가 있어 다른 하늘소들과는 쉽게 구별할 수 있답니다.

삼하늘소

대모송장벌레

날개알락파리

산바퀴

일본왕개미

6

죽은 생물은 어디로 사라졌을까?

1
생태계의 청소부 대모송장벌레

딱정벌레목 송장벌레과

이름이 으스스한 송장벌레

대모송장벌레! 참 이름이 으스스하죠? 녀석은 어쩌다가 대모송장벌레라는 이름을 갖게 된 걸까요? 앞에서 물에서 살아가는 곤충 가운데 송장헤엄치게를 소개했지요? 송장헤엄치게는 송장과 아무런 관련이 없는 곤충이지만 시체처럼 물 위에 아랫면을 드러내고 떠 있는 습성이 있어서 붙인 이름이라고요.

하지만 대모송장벌레는 정말로 송장과 관련이 깊은 곤충이에요. 왜냐하면 녀석은 죽은 동물의 몸, 곧 동물의 사체에 머무르면서 먹이 활동을 하면서 살아가거든요. 말 그대로 대모송장벌레는 송장이 있어야만 살아갈 수 있어요.

대모송장벌레는 어떻게 생겼을까?

동물의 사체를 먹는다는 말에 무시무시한 괴물이나 징그러운 모습을 떠올리는 친구도 있을 거예요. 하지만 실제 모습을 보면 괜한 오해였다는 것을 금방 알 수 있어요. 녀석은 여느 딱정벌레처럼 평범하게 생겼거든요.

대모송장벌레는 몸길이가 20밀리미터가량이며, 주황색을 띤 가슴 부위를 제외하면 몸 색깔이 전체적으로 광택이 나는 검은색이에요. 특히 가장 넓은 부위를 차지하는 딱지날개에는 줄 세 개가 튀어나와 있는데 여기에 아주 작은 점들이 촘촘히 박혀 있답니다. 여기까지만 보면 대모송장벌레는 별로 특색이 없는 곤충이라고 생각할 수도 있겠지요. 하지만 독특하게 생긴 더듬이

대모송장벌레의 더듬이

를 보면 그런 생각이 사라질 거예요. 녀석은 마치 곤봉을 잘라서 막대기에 꽂은 것같이 더듬이가 정말 독특해요. 그 어디에서도 보지 못한 이 신기한 더듬이는 평범해 보이는 녀석을 한층 더 돋보이게 해 준답니다.

위협을 느끼면 인사를 해요

대모송장벌레는 딱지날개가 단단해서인지 그다지 주변의 움직임에 예민한 반응을 보이지 않는 편이에요. 하지만 아무리 반응이 무딘 녀석이라 하더라도 생명에 위협을 느끼면 얘기가 달라지겠죠? 녀석은 천적에게 공격을

위협을 느낀 대모송장벌레

받으면 몸을 반으로 접고 가만히 죽은 척을 해요. 그 모습이 마치 우리가 배꼽 인사를 하는 것처럼 재미있어요. 녀석이 이렇게 독특한 행동을 하는 까닭은 몸을 동그랗게 말아서 되도록이면 몸이 밖으로 드러나지 않게 하기 위해서예요. 몸을 뒤집어서 관찰해 보면 머리와 다리, 배를 한곳에 뭉치고 있는 것을 볼 수 있지요.

이렇듯 위험한 상황에서 죽은 척을 하는 행동은 바구미과에 속한 곤충과 닮았요. 하지만 바구미과에 속한 곤충이 오랫동안 죽은 척을 하는 것과는 달리, 녀석은 어느 정도 위협이 사라졌다 싶으면 안심하고 몸을 풀어 재빠르게 숲속으로 도망친답니다.

대모송장벌레

몸이 뒤집힌 대모송장벌레

생태계의 청소부 대모송장벌레

대모송장벌레는 주로 밤에 활동하는 야행성 곤충이에요. 하지만 죽은 동물이 있는 곳이면 밤낮을 가리지 않고 어디든 달려가지요. 녀석은 후각이 발달해서 멀리 떨어진 곳에서도 죽은 동물의 냄새를 맡고 찾아갈 수 있어요. 간혹 거리가 너무 멀 때에는 날개를 펴고 날아가기도 하죠.

죽은 동물을 먹는다고 하니 녀석을 더럽고 또 혐오스럽게 느끼는 친구들도 있을 거예요. 하지만 대모송장벌레는 혐오스러운 곤충이 아니라 숲속을 깨끗하게 해 주는 생태계의 청소부예요. 만약 녀석이 없다면 숲은 온통 죽은 동물들로 가득할 거예요. 생각만 해도 정말 끔찍한 일이죠? 녀석이 있기 때문에 우리는 보다 더 깨끗한 환경에서 살아갈 수 있답니다.

하나 더 큰넓적송장벌레도 있어요

송장벌레과에 속한 곤충 중에 큰넓적송장벌레도 있어요. 녀석은 대모송장벌레와는 달리 온몸이 새까맣죠. 몸 색깔은 조금 다르지만 전체적인 생김새는 대모송장벌레와 매우 닮았어요. 게다가 야행성으로 동물의 사체나 배설물을 분해하는 습성까지 거의 비슷하답니다.

큰넓적송장벌레

2
방독면을 쓴 날개알락파리

파리목 알락파리과

왜 날개알락파리라고 부를까?

긴알락꽃하늘소, 홍점알락나비, 알락굴벌레나방 등 곤충 중에는 '알락'이라는 말이 들어간 녀석들이 제법 있어요. 녀석들의 생김새를 살펴보면 몸에 불규칙한 점이나 줄무늬가 있다는 공통점을 찾을 수가 있죠. 여러분도 어느 정도 눈치 챘듯이 알락이라는 말은 본바탕에 여러 색깔의 점이나 줄이 섞여 있다는 뜻이에요. 그래서 이름에 알락이라는 말이 들어간 곤충은 대부분 몸에 알록달록한 무늬가 있답니다.

이번에 소개할 곤충은 복잡한 그물 무늬의 날개가 인상적인 날개알락파리예요. 녀석은 파리이기는 하지만 우리가 자주 보는 파리와는 다르게 생김새가 독특해요. 긴 주둥이가 마치 방독면을 쓰고 있는 것처럼 괴상한 모습이거든요. 자, 녀석에 대해서 자세히 알아볼까요?

알락굴벌레나방

홍점알락나비

괴상한 주둥이를 가지고 있어요

먼저 녀석의 얼굴을 살펴볼까요? 붉은색을 띤 머리에 주둥이가 툭 튀어나와 있어요. 무언가를 먹고 있는 것처럼 툭 튀어나온 입은 마치 방독면을 쓴 것 같아요. 이 주둥이는 평소에는 짧게 접혀 있다가 먹이 활동을 할 때 스프링처럼 쭉 늘어난답니다. 녀석은 머리를 제외하고 몸 색깔이 검은색을 띠고 있어요. 하지만 배불뚝이처럼 통통한 배 끝은 의외로 하얀색이지요. 그 모습이 마치 원숭이의 빨간 엉덩이를 보는 것처럼 재미있어요.

날개알락파리는 녀석의 상징이라고 할 수 있는 알락 날개를 가지고 있어요. 이 기다란 날개에는 그물처럼 보이는 불규칙한 무늬가 새겨져 있어서 녀석이 날개알락파리라는 걸 쉽게 알 수 있죠.

파리는 영화를 볼 수 있을까?

파리도 우리처럼 영화를 볼 수 있을까요? 정답은 "볼 수 없다"입니다. 왜냐하면 파리는 우리와 같은 수정체 눈을 갖고 있지 않기 때문이에요. 수정체 눈은 물체를 선명하게 볼 수는 있어도 빠르게는 볼 수 없어요. 그래서 우리는 사진 여러 장을 빠르게 이어 붙이면 움직이는 장면으로 인식하지요.

하지만 파리는 수천 개의 낱눈이 모인 겹눈이기 때문에 물체를 선명하게 볼 수 없는 대신 매우

검정뺨금파리의 눈

날개알락파리

빨리 볼 수 있답니다. 아마 영화를 보여 주면 녀석은 연속해서 이어진 사진들을 따로따로 볼 거예요. 그래서 우리처럼 움직이는 영상을 볼 수가 없답니다.

숲속 오물을 분해하는 청소부

한낱 파리라고 해도 생태계에서 주어진 역할이 있어요. 날개알락파리의 역할은 바로 생태계를 청소하는 거예요. 녀석은 똥이나 죽은 동물, 음식물 쓰레기와 같은 오물들을 깨끗하게 청소하지요. 녀석이 열심히 청소를 해서

날개알락파리

온갖 오물들을 분해하기 때문에 숲 생태계가 건강하게 유지될 수 있는 거예요. 날개알락파리는 더러운 환경에서 생활하지만 몸은 우리의 생각과는 다르게 아주 깨끗해요. 왜냐하면 자기 스스로 몸을 깨끗하게 하는 정화 능력을 가지고 있기 때문이에요.

또한 청소부라고 해서 항상 죽은 동물이나 배설물에만 있는 것은 아니에요. 휴식을 취할 때에는 나뭇잎에 앉아서 쉬기도 해요.

하나더 상치큰띠과실파리

파리 중에는 상치큰띠과실파리도 있어요. '과실파리'는 주로 과일에 모인다고 해서 붙인 이름이에요. 녀석은 애벌레 시기에 상치속에 속한 왕고들빼기에 잎 굴을 만들어서 지낸다고 알려졌어요.

상치큰띠과실파리

3
집에는 들어오지 않는 산바퀴

바퀴목 바퀴과

우리는 집바퀴와 달라요

바퀴벌레를 좋아하는 친구는 거의 없을 거예요. 특히 바퀴벌레가 집 안을 빠르게 지나가는 모습을 보면 소름 끼칠 정도로 기분이 나쁘죠. 이렇게 주로 사람들 몰래 집에 숨어서 살아가는 바퀴벌레를 집바퀴(일본바퀴)라고 해요. 하지만 모든 바퀴벌레가 집에만 사는 것은 아니에요.

바퀴벌레 중에는 집에 들어오지 않고 산에서만 사는 바퀴벌레도 있어요. 바로 숲속의 건조한 낙엽 밑에서 살아가는 산바퀴예요. 집에 사는 바퀴와는 달리 숲속의 죽은 동식물을 분해하고 살아가는 고마운 녀석이지요. 그러니 산에서 산바퀴를 보면 집바퀴로 오해하고 미워하지 마세요.

궁금해요 왜 바퀴벌레라고 부를까?

집바퀴

바퀴벌레의 정식 이름은 바퀴벌레가 아니라 그냥 '바퀴'예요. 사람들은 녀석의 부정적인 이미지를 강조하기 위해 벌레라는 단어를 이름에 붙였어요. 그런데 왜 녀석들을 바퀴라고 부르는지 정확하게 알 수 없어요. 하지만 어느 정도 추측할 수는 있어요. 바퀴벌레는 사람을 피해 도망치는 모습이 매우 민첩하고 빠른데, 우리 조상들은 그 모습이 마치 바퀴가 달린 마차가 움직이는 모습과 비슷하다고 생각했을 거예요. 그래서 녀석을 바퀴벌레라고 부른 것 아닐까요?

산바퀴는 어떻게 생겼을까?

산바퀴의 생김새를 한번 살펴볼까요? 산바퀴는 집에서 사는 바퀴 중의 하나인 독일바퀴와 비슷하게 생겼어요. 몸길이도 11.5~14밀리미터로 독일바퀴와 비슷하죠. 녀석은 몸 색깔이 전체적으로 누런빛을 띤 갈색이며, 앞가슴 양옆으로 진한 검은색 세로 줄무늬가 새겨져 있어요. 참고로 이 두 개의 줄이 서로 맞닿아 있으면 산바퀴이고, 서로 떨어져서 평행을 이루고 있으면 독일바퀴일 확률이 높아요.

인간의 눈높이로 숲속을 걷다 보면 산바퀴를 만나기 어려워요. 녀석은 주로 숲의 가장 낮은 곳에서 살아가니까요. 가만히 앉아서 낙엽을 뒤집어 보면 조용히 숨어 있는 산바퀴를 만날 수 있을 거예요.

우리는 왜 바퀴벌레를 싫어할까?

우리는 왜 그렇게 바퀴벌레를 싫어할까요? 그 까닭은 자신만의 공간에 허락받지 않은 누군가가 들어오는 것을 싫어하기 때문이에요. 그런데 바퀴는 우리가 사는 집에 허락도 없이 몰래 들어와서 살아가는 곤충이에요. 게다가 녀석들은 혼자서 살지 않고 집단으로 모여서 수많은 세균을 매개하는 '위생곤충'이죠. 당연히 우리 입장에서는 바퀴벌레를 좋아하려고 해도 좋아할 수가 없겠죠? 하지만 산바퀴처럼 우리 근처에 오지도 않고 또 우리에게 피해를 주지 않는 바퀴도 있어요. 생태계를 청소하고 우리에게 도움을 주는 고마운 바퀴죠.

산바퀴

산바퀴의 앞모습

궁금해요 위생곤충이란?

사람에게 직간접적으로 병원체를 옮겨 피해를 주거나 또는 위생학이나 의학과 관계가 있는 곤충을 말해요. 위생곤충의 예로는 모기나 파리, 바퀴 등이 있으며 다른 말로 '위생해충'이라고도 해요.

산바퀴는 어떻게 성장할까?

산바퀴는 약충으로 겨울을 보낸다고 알려져 있어요. 주로 낙엽 밑에 숨어서 지내다가 이듬해 이른 봄에 다시 활동을 시작하죠. 녀석은 보통 풀숲에서 먹이 활동을 하며 지내는데 6~7회 탈피 과정을 거쳐 성충이 돼요. 성충

산바퀴 약충   산바퀴 성충

은 여름부터 가을에 걸쳐 왕성한 번식 활동을 하죠. 신기한 점은 짝짓기를 끝낸 암컷이 알을 바로 낳지 않고 알집을 매달고 다닌다는 거예요. 암컷은 2주가 넘게 알집을 꽁무니에 매달고 다니다가 알이 부화할 때쯤 알집을 떨어뜨려요.

   이렇게 암컷이 알집을 매달고 다니는 것은 알의 부화 확률을 높이기 위해서예요. 알을 낳아 두고 어미가 떠나 버리면 천적의 위협에 그대로 노출이 되고, 그러면 그만큼 알이 부화할 확률도 낮아지기 때문이에요. 작고 하찮은 생명이지만 새끼를 보호하고 종을 유지하려는 행동은 사람과 별반 다르지 않죠?

4
모범적인 집단생활을 하는 일본왕개미

벌목 개미과

🌿 무엇이든 가리지 않고 먹는 일본왕개미

일본왕개미는 우리나라에서 서식하는 개미 중에서 몸집이 가장 커요. 이름에 '일본'이 들어 있어 일본에서 건너온 외래종 같지만 녀석은 아주 오래전부터 우리 땅에서 살아왔어요.

흙이 있는 곳이라면 어디든 살아갈 정도로 생명력이 강한 녀석이 바로 일본왕개미예요. 녀석의 강한 생명력은 무엇이든 가리지 않고 먹는 무시무시한 식성에서 비롯되지요. 매미, 지네, 나방, 지렁이 등 죽어서 땅에 떨어져 있는 거의 모든 것을 먹거든요. 이쯤 되면 녀석이 진정한 생태계의 분해자라고 말할 수 있겠죠?

🌿 계급에 따라 생김새가 각각 달라요

일본왕개미는 여왕개미, 수개미, 일개미로 나누어진 계급사회에서 살아가요. 녀석들은 계급에 따라 몸길이와 생김새, 역할에 각각 차이가 있어요. 먼저 개미 집단의 우두머리인 여왕개미는 몸길이가 17밀리미터가량으로 몸집이 가장 크지요. 녀석은 집단 내 모든 개미의 엄마라고 할 수 있어요. 알을 낳아서 개미 사회를 유지하는 역할을 하거든요. 몸 색깔은 검은빛을 띤 갈색이며, 큰 겹눈과 홑눈이 있어요.

다음은 몸길이가 10밀리미터가량인 수개미예요. 녀석들은 여왕개미와 마찬가지로 큰 겹눈과 홑눈이

일본왕개미

있고, 몸 색깔도 검은빛을 띠고 있어요. 개미 집단에서 수개미들의 역할은 여왕개미와 짝짓기를 하는 거예요. 녀석들은 개미 집단의 세력을 확장하는 데 큰 역할을 하지만 짝짓기가 끝나면 죽음을 맞이하는 비극적인 운명의 주인공들이지요.

마지막으로 소개할 녀석은 일개미예요. 녀석들의 몸길이는 7~13밀리미터이고, 여왕개미나 수개미와는 달리 홑눈이 없어요. 또 같은 일개미라 하더라도 역할에 따라 몸집의 크기가 달라요. 일개미는 먹이를 구하고, 알을 돌보고, 적의 공격을 막아 내는 등 개미 집단의 살림꾼 역할을 해요. 똑같은 종이지만 이렇게 계급에 따라 생김새가 달라진 것은 자신이 맡은 역할에 충실할 수 있게 몸 구조가 진화해 왔기 때문이에요.

궁금해요 흰개미도 개미일까?

흔히 흰개미도 개미과에 속한 곤충이라고 생각하는 친구들이 많은데, 흰개미는 개미보다는 바퀴 쪽에 더 가까운 녀석이에요. 여왕이 집단을 이끌어 가는 개미와는 달리, 흰개미는 여왕과 왕이 함께 집단을 이끌어 나간답니다.

흰개미

노예를 부릴 줄 알아요

일본왕개미는 일손을 줄이기 위해 매우 독특한 전략을 가지고 있어요. 자신이 직접 일을 하지 않고 다른 곤충을 노예로 만들어서 마구 부려 먹거든요. 녀석들은 가시개미를 노예로 삼아 여러 일을 시킨답니다. 도망치지 못하게 일일이 감시까지 하면서 말이죠. 어떻게 이런 일이 가능할까요? 그것은 가시개미가 애벌레 시기일 때 일본왕개미 여왕의 페로몬에 영향을 받았기 때문이에요. 페로몬은 어떤 행동을 일으키게 하는 물질인데, 특히 가시개미에게는 복종의 반응을 일으켜요. 일본왕개미는 가시개미 집을 공격하여 애벌레나 고치를 가져와서 여왕개미의 페로몬을 묻혀 놓지요. 그러면 가시개미는 일본왕개미에게 평생 복종하면서 살아가요.

일본왕개미

가시개미

🌼 담흑부전나비와 공생해요

일본왕개미는 담흑부전나비와 공생하는 것으로 알려졌어요. 마치 진딧물과 개미가 공생하는 것처럼요. 녀석들은 담흑부전나비 애벌레를 보면 자신들이 사는 굴로 데려가요. 그러고 나서 성충이 될 때까지 애지중지 키우죠.

겉으로만 보면 일본왕개미들이 담흑부전나비를 위해 봉사하는 것 같아요. 하지만 일본왕개미들은 봉사하는 것이 아니에요. 녀석들이 애벌레를 키우는 이유는 애벌레의 몸에서 나오는 단물을 공급받기 위해서예요. 단물 속에는 과당과 단백질, 포도당 등이 풍부하게 들어 있어서 일본왕개미들에게 훌륭한 영양 공급원이 되어 주거든요. 담흑부전나비 애벌레는 일본왕개미들에게 맛있는 먹이를 제공하고, 대신 녀석들의 보호를 받으며 성충으로 무사히 자라게 된답니다.

개미 사냥꾼인 개미귀신

곤충 중에는 개미만을 전문적으로 사냥해서 잡아먹는 녀석도 있어요. '개미귀신'으로 불리는 명주잠자리과의 애벌레가 바로 그 주인공이에요. 녀석은 흙이나 모래가 있는 곳에 절구 모양의 집을 만들어 그 안에서 개미가 올 때까지 기다리죠. 그러다 개미가 나타나면 머리로 모래를 튕겨서 개미지옥으로 빠지게 해요. 개미지옥에 빠진 개미는 도망치려고 발버둥 치지만 결국 개미귀신의 먹잇감이 되고 말죠. 이처럼 개미귀신은 개미들의 가장 무서운 천적이라고 할 수 있어요.

개미귀신(명주잠자리과 애벌레)

개미지옥

부록

곤충 채집 방법

친구들과 장난치려고 곤충을 채집해서는 안 돼요. 곤충을 채집하는 목적은 어디까지나 곤충이 간직한 생태의 비밀을 관찰하고 탐구하기 위해서니까요. 곤충을 채집할 때에는 이 사실을 항상 명심하고, 작은 생명이라 해도 소중하게 다루세요.

❶ 포충망 채집 방법

포충망을 이용한 채집은 곤충을 채집하는 가장 대표적인 방법이에요. 곤충이 도망치기 전에 기다란 포충망을 먼 거리에서 휘둘러서 채집하는 거죠. 포충망에 곤충이 들어오면 재빨리 위쪽으로 걷어 올린 후 포충망의 그물을 접어야 해요. 그래야 곤충이 빠져나오지 못하거든요. 나비나 나방 등과 같이 연약한 곤충을 채집할 때에는 포충망에 날개가 다칠 수 있으니까 조심하세요.

❷ 함정 채집 방법

페트병이나 유리병 등에 먹이를 넣고 함정을 만들어서 채집하는 방법이에요. 먼저 흙을 파서 땅과 수평하게 페트병을 묻은 후 함정을 만들어요. 페트병 속에 썩은 생선이나 고기를 넣어 두면 먼지벌레나 딱정벌레 등이 먹이를 먹으러 왔다가 빠져나가지 못하고 잡히는 거죠. 함정을 만들어 두었으면 다음 날 바로 확인해서 채집하세요. 안 그러면 그 안에서 곤충들이 죽을 수도 있거든요.

❸ 유인 채집 방법

곤충들이 주로 모이는 장소에 수액을 발라 놓고 곤충을 유인하여 채집하는 방법이에요. 보통 장수풍뎅이나 사슴벌레와 같이 야행성 곤충을 채집하는 데 효과적이죠. 수액은 바나나와 식초, 설탕 등을 섞어서 참나무류 수액과 비슷한 맛과 향이 나게 만드는 것이 좋아요.

❹ 등화 채집 방법

불빛을 이용하여 곤충을 채집하는 방법이에요. 주로 불빛에 반응하는 야행성 곤충들을 채집할 때 사용하죠. 빛의 양이 풍부한 전등을 이용하면 다양한 야행성 곤충들을 채집할 수 있어요. 전등이 없을 경우에는 가로등 불빛이 비치는 곳을 가 보세요. 가로등 불빛에 모여든 곤충들을 쉽게 채집할 수 있을 거예요. 등화 채집을 할 때에는 땅에 있는 곤충들을 밟을 수도 있기 때문에 항상 발밑을 조심하세요.

❺ 수서곤충 채집 방법

수서곤충은 뜰채나 족대 등을 이용하여 채집하세요. 물속에서 살아가는 수서곤충은 직접 관찰하기가 어렵기 때문에 채집하여 물 밖에서 관찰하지요. 수서곤충을 채집할 때에는 부모님과 함께 활동하는 것이 좋아요. 또 수심이 깊은 물속에는 들어가지 마세요.

❻ 관찰 채집 방법

직접 꽃이나 나무 주변을 하나하나 자세히 살피면서 채집하는 방법이에요. 자연에서 살아가는 곤충의 평소 모습을 관찰할 수도 있고, 또 자연스러운 곤충의 모습을 사진으로 담을 수도 있어서 가장 추천하는 채집 방법이에요.

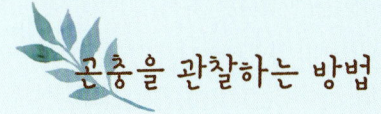
곤충을 관찰하는 방법

　곤충을 관찰할 때에는 과학자다운 마음과 자세를 가져야 해요. 정확한 눈으로 거짓이 아닌 있는 그대로의 사실을 기록하고 분석하는 것이죠. 하지만 무엇보다도 중요한 것은 곤충을 아끼고 사랑하는 마음이에요. 프랑스의 곤충학자 파브르는 길을 걸을 때에도 곤충을 밟지 않으려고 조심조심 걸었다고 해요. 또 움직이는 곤충을 관찰하는 것이 어렵고 힘들더라도 죽이거나 괴롭히지 않았어요. 그만큼 그는 곤충을 사랑하고 아끼는 마음이 대단했어요. 여러분도 곤충을 관찰할 때에는 파브르처럼 곤충을 아끼고 사랑하는 마음을 가지세요. 곤충을 관찰하는 것은 곤충을 사랑하는 작은 마음에서부터 비로소 시작되니까요.

　곤충을 관찰할 때에는 여러 준비물이 필요해요. 그렇다고 해서 거창하게 준비해야 하는 것은 아니에요. 평소에 가지고 있던 여러 도구를 활용하면 안전하게 곤충을 관찰할 수 있어요.

　먼저 몸을 보호할 수 있게 긴팔이나 긴바지를 입으세요. 날씨가 덥다고 반팔이나 반바지를 입으면 팔이나 다리에 상처를 입기 쉽거든요.

　옷을 제대로 갖춰 입었으면 이제 머리를 보호할 수 있는 모자를 준비하세요. 모자를 쓰지 않으면 나뭇가지나 위험한 곤충에 머리를 다칠 수 있으니 조금 귀찮더라도 반드시 써야 해요. 마지막으로 발목 위까지 올라오는 등산화나 장화를 신으세요. 풀숲에서는 살모사와 같은 무서운 독사가 발이나 다리를 무는 일이 종종 있거든요.

준비물

- 의류: 모자, 조끼, 긴팔, 긴바지, 등산화, 장갑, 배낭
- 관찰 도구: 돋보기, 핀셋, 확대경, 채집 상자, 곤충 도감, 관찰 공책, 필기구
- 구급약

❶ 곤충에 관한 지식이 있어야 해요

곤충을 관찰하기 전에 먼저 곤충에 관한 지식이 있어야 해요. 곤충의 생태 습성을 알고 있어야 곤충을 쉽게 관찰할 수 있거든요. 또한 똑같은 장소라 하더라도 시기별로 나타나는 곤충이 다르기 때문에 다양한 곤충을 관찰하려면 곤충에 관한 내용을 많이 알아 두세요.

❷ 자세히 들여다보아야 해요

곤충을 만나려면 사람들이 붐비는 장소보다는 한적한 장소가 좋아요. 눈으로만 훑고 지나가면 아무것도 보이지 않으니까 한 장소를 오랫동안 자세히 들여다보세요. 그렇게 조용히 기다리다 보면 꿈틀대는 작은 곤충들을 만날 수 있을 거예요. 일단 곤충을 발견하면 대충 훑어보지 말고 구석구석을 꼼꼼하게 살펴보세요. 참고로 움직임이 많은 곤충을 관찰할 때에는 확대경을 이용하면 편리해요.

주요 관찰 대상

- 곤충의 모양과 형태
- 머리와 가슴, 배의 구분과 생김새

- 입의 구조
- 다리의 생김새
- 날개의 구조와 모양
- 더듬이의 생김새

❸ 꾸준하게 관찰해야 해요

보통 곤충은 알 ▶ 애벌레 ▶ 번데기(불완전탈바꿈에서는 이 시기가 없지요) ▶ 성충의 과정을 거쳐 성장해요. 단순히 성충의 생김새만 관찰하는 것이라면 며칠 만에 끝날 수도 있어요. 하지만 곤충의 한살이를 탐구한다면 꾸준한 관찰이 필요해요. 인내심을 갖고 꾸준히 관찰해야 곤충이 가진 새로운 세계를 탐구할 수 있어요.

❹ 관찰 일지를 써요

곤충을 관찰할 때에는 관찰 일지를 쓰는 것이 좋아요. 관찰 일지는 어렵지 않아요. 곤충을 관찰한 장소와 시간, 날씨, 느낌 등을 간단하게 쓰면 돼요. 느낌을 쓸 때에는 사실과 구별하여 쓰는 것이 좋아요. 관찰한 곤충을 사진으로 찍거나 그림으로 그려 두면 실감 나는 관찰 일지를 작성할 수 있어요.

<관찰 일지> 양식은 지성사 홈페이지(지성사.한국 또는 jisungsa.co.kr)의 자유게시판에서 내려받으실 수 있습니다.

관찰 일지

날짜	날씨	장소
관찰 대상	관찰 시간	기록자

관찰한 내용

관찰한 모양 (사진 또는 그림)

알아낸 사실

궁금한 점

찾아보기

곤충 이름 뒤의 괄호는 그 곤충이 속한 무리를 뜻합니다.

딱정벌레 무리 (딱) / 노린재 무리 (노) / 나비와 나방 무리 (나) / 매미 무리 (매) /
벌 무리 (벌) / 파리 무리 (파) / 바퀴 무리 (바) / 대벌레 무리 (대) / 잠자리 무리 (잠)

ㄱ

가시개미 (벌) 195
갈고리벌 (벌) 137
개미 (벌) 74, 153, 154, 193, 194, 196
개미귀신 (잠) 196, 197
검정뺨금파리 (파) 182
검정오이잎벌레 (딱) 147
게아재비 (노) 89~92
국화하늘소 (딱) 127
금자라남생이잎벌레 (딱) 45
긴더듬이주둥이바구미 (딱) 81
긴알락꽃하늘소 (딱) 61~64, 181
꽃등에 (파) 83~85
꽃무지 (딱) 67
꽃하늘소 (딱) 123
꿀벌 (벌) 68, 83, 133~137

ㄴ

나방 (나) 139~141
나비 (나) 129, 139~141
날개뾰족나방 (나) 142
날개알락파리 (파) 181
남방폭탄먼지벌레 (딱) 53~54
남색초원하늘소 (딱) 167~171
넓적배허리노린재 (노) 75

노랑애기나방 (나) 139~142
노린재 (노) 25, 26, 29

ㄷ

담흑부전나비 (나) 195, 196
대모송장벌레 (딱) 175~179
대벌레 (대) 47~51
독일바퀴 (바) 188
등빨간소금쟁이 (노) 105
등얼룩풍뎅이 (딱) 37~39

ㅁ

말벌 (벌) 61, 63
무당벌레 (딱) 149
물자라 (노) 95~99
밑검은하늘소붙이 (딱) 121

ㅂ

바구미 (딱) 77, 177
바퀴벌레 (바) 187
방게아재비 (노) 92
배자바구미 (딱) 77~81
벼멸구 (노) 164
부전나비 (나) 129, 130
분홍날개대벌레 (대) 51

205

붉은산꽃하늘소 (딱) 123~127
빌로오드재니등에 (파) 85

ㅅ

사마귀 (바) 89~91,
산바퀴 (바) 187~191
삼하늘소 (딱) 171
상치큰띠과실파리 (파) 185
소금쟁이 (노) 105, 106, 108, 109
소요산소똥풍뎅이 (딱) 39
송장헤엄치게 (노) 101~103
시베르스하늘소붙이 (딱) 117~121
쌍고리부전나비 (나) 130

ㅇ

알락굴벌레나방 (나) 181
암먹부전나비 (나) 131
애기우단하늘소 (딱) 31
애소금쟁이 (노) 105~109
에사키뿔노린재 (노) 25~29
옆검은산꽃하늘소 (딱) 123~125
오이잎벌레 (딱) 147~149
왕소금쟁이 (딱) 105
우리목하늘소 (딱) 31~35
인도볼록진딧물 (딱) 151, 152
일본왕개미 (벌) 193~196
잎벌레 (딱) 41, 149, 157
잎벌레붙이 (딱) 157

ㅈ

작은주홍부전나비 (나) 129~131

장구애비 (노) 111~113
장수하늘소 (딱) 65
점박이푸른부전나비 (나) 130
주홍긴날개멸구 (매) 163~166
진드기 153
진딧물 (매) 151~155
집바퀴 (바) 187

ㅊ

참넓적꽃무지 (딱) 67, 71
참소금쟁이 (노) 105

ㅋ

큰남색잎벌레붙이 (딱) 157~161
큰남생이잎벌레 (딱) 41~45
큰넓적송장벌레 (딱) 179

ㅌ

털두꺼비하늘소 (딱) 35
털보잎벌레붙이 (딱) 161
톱다리개미허리노린재 (노) 73~75

ㅍ

파리 (노) 83~85, 182
폭탄먼지벌레 (딱) 53~57
풀색꽃무지 (딱) 67
풀색노린재 (노) 29
풀색먼지벌레 (딱) 56
풍뎅이 (딱) 37, 67

사진을 제공해 주신 분들

박지환 50쪽, 대벌레 수컷 / 65쪽, 장수하늘소 / 135쪽, 여왕벌 / 135쪽, 수벌 /
164쪽, 벼멸구 / 187쪽, 집바퀴 / 195쪽, 가시개미 / 197쪽, 개미지옥

최순규 197쪽, 개미귀신

손윤한 20쪽, 일본참진드기 / 111쪽, 전갈

이원중 165쪽, 칡

지성사의 책 95쪽, 자라, 『나의 첫 생태도감 동물편』(지은이 박지환·최순규) /
97쪽, 알을 등에 짊어진 수컷 물자라, 『와, 물맴이다!』(지은이 손윤한)

기막힌 재능, 독특한 전략, 곤충이 사는 법

곤충은 왜?

❶ 생태편

❷ 특징편

차례
1. 곤충은 위협에 어떻게 대처할까?
2. 왜 다른 동물을 흉내 낼까?
3. 물에서도 곤충이 살 수 있을까?
4. 왜 꽃에 모일까?
5. 왜 식물을 괴롭힐까?
6. 죽은 생물은 어디로 사라졌을까?

차례
1. 누가 더 인기가 많을까?
2. 누가 더 사냥을 잘할까?
3. 누가 더 독특하게 생겼을까?
4. 누가 더 멀리 뛸까?
5. 누가 더 생활사가 독특할까?
6. 누가 더 비행 솜씨가 좋을까?